문법과 작문을 동시에 잡는
초등필수 영문법+쓰기

창의융합 과정 반영, 초등필수 영단어를 활용하여 쉽게 배우는 영문법+쓰기
핵심 문법 포인트를 머릿속으로 그려 보면서 하고 싶은 말들을 영작해 보세요.

1
교육부 권장 초등 어휘를 사용하여
쉽게 공부할 수 있어요.

2
기초 핵심 문법을 한눈에
쉽게 파악할 수 있어요.

6
기초탄탄(선택형) ➜ 기본탄탄(단답형)
➜ 실력탄탄(배열형) ➜ 영작탄탄(서술형)
순서로 단계별 학습이 가능해요.

3
그림을 통해 문제 속에 숨어 있는
초등 필수 어휘를 찾아 쉽고 재미
있게 암기할 수 있어요.

5
퍼즐, 미로 찾기, 코드표 등의
흥미로운 활동으로 창의성과
응용력을 키울 수 있어요.

4
사다리 타기, 보드 게임 등을 통해 문
장을 만들고 스스로 핵심 영문법을
정리하고 영작하는 "창의력 향상"
워크북이 들어있어요.

Features

대부분의 동사	
o, x, s(s), sh, ch로 끝나는 동사	
「자음+y」로 끝나는 동사	-y →
「모음+y」로 끝나는 동사	+
불규칙 동사	hav

※ 주어가 1, 2인칭 단 · 복수 주어(I, you, we

핵심 문법 정리
핵심 문법 포인트를 한눈에
알기 쉽게 정리하였습니다.

s

k

어휘탄탄
문제 속에 숨어있는 어휘를 찾아
그림과 매칭시키며 초등필수 어휘
를 쉽게 암기합니다.

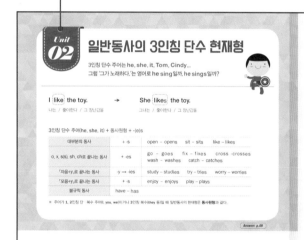

Unit 02 일반동사의 3인칭 단수 현재형

3인칭 단수 주어는 he, she, it, Tom, Cindy...
그럼 '그가 노래하다.'는 영어로 he sing일까, he sings일까?

I like the toy. → She likes the toy.
나는 좋아한다 그 장난감을   그녀는 좋아한다 그 장난감을

3인칭 단수 주어(he, she, it) + 동사원형 + -(e)s

대부분의 동사	+ -s	open – opens sit – sits like – likes
o, x, s(s), sh, ch로 끝나는 동사	+ -es	go – goes fix – fixes cross -crosses wash – washes catch – catches
「자음+y」로 끝나는 동사	-y → -ies	study – studies try – tries worry – worries
「모음+y」로 끝나는 동사	+ -s	enjoy – enjoys play – plays
불규칙 동사	have – has	

※ 주어가 1, 2인칭 단 · 복수 주어(I, you, we)이거나 3인칭 복수(they 등)일 때 일반동사의 현재형은 동사원형과 같다.

Answer p.09

기.초.탄.탄

A 다음 중 알맞은 것을 고르세요.

1 He (jump / jumps) ropes every day.   그는 / 뛴다 / 줄넘기를 / 매일
2 I (read / reads) two books a month.   나는 / 읽는다 / 두 권의 책들을 / 한 달에
3 Cindy (want / wants) some milk.   Cindy는 / 원한다 / 약간의 우유를
4 My parents always (cook / cooks) together.   나의 부모님은 / 항상 / 요리하신다 / 함께
5 The police officer (catch / catches) the thief.   그 경찰관은 / 잡는다 / 그 도둑을

62

기.본.탄.탄

A 주어진 동사를 주어에 맞게 바꿔 쓰세요.

* 어휘 탄탄 *

1 She _____ at me. (smile)
   그녀는 / 웃는다 / 나에게

2 Tom _____ the door. (kick)
   Tom은 / 찬다 / 그 문을

3 Mrs. Lopez _____ oranges. (like)
   Lopez 선생님은 / 좋아한다 / 오렌지를

4 He _____ on the bed. (jump)
   그는 / 점프한다 / 침대에서

5 She _____ me to the party. (invite)
   그녀는 / 초대한다 / 나를 / 파티에

s

k

d

f

c

c

B 밑줄 친 부분에 유의하여 문장을 완성하세요.

1 He _____ his work quickly. (finish)
   그는 자신의 일을 빠르게 끝낸다.

2 The man _____ hard. (try)
   그 남자는 열심히 노력한다.

3 The girl _____ the candy. (have)
   그 소녀는 그 사탕을 갖고 있다.

4 She _____ the street. (cross)
   그녀는 길을 건넌다.

5 My dad _____ the broken TV. (fix)
   나의 아버지는 그 고장 난 TV를 고치신다.

Chapter 3 63

A 다음 중 알맞은 것을 고르세

1 He (jump / jumps) ropes e
2 I (read / reads) two books a
3 Cindy (want / wants) some
4 My parents always (c

기초탄탄
선택형/단답형의 간단한 문제로
핵심 기초 문법을 파악합니다.

A 주어진 동사를 주어에 맞게

1 She _____ at m
   그녀는 / 웃는다 / 나에게
2 Tom _____ the d
   Tom은 / 찬다 / 그 문을
3 Mrs. Lopez
   Lopez 선생님은 / 좋아한다

기본탄탄
문장 내에서 핵심 문법 내용을
직접 써보며 기본적인 문법 실력을
키웁니다.

실력탄탄

실제 시험에 잘 나오는 문제 유형과 배열 문제로
문장을 완성하는 실력을 키웁니다.

영작탄탄

주어진 힌트 및 어휘를 활용하여 실생활에서
사용할 수 있는 영작문을 훈련합니다.

응용탄탄

그림 보고 문장 쓰기, 코드표, 퍼즐과 미로 등의 흥미로운
활동으로 앞에서 학습한 내용을 재미있게 복습합니다.

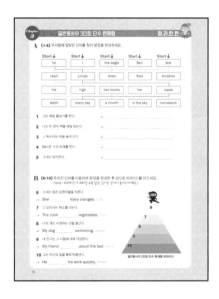

정리탄탄 (워크북)

이미 배운 예문을 활용하여 창의력을 향상시키는
흥미로운 문제로 문법과 쓰기를 정리하는 워크북입니다.

Contents

초등필수 영문법·쓰기1

Contents

초등필수 영문법+쓰기2

교육부 권장 어휘
초등필수 영단어 1

아는 단어에 체크해보세요!

가족	인사	숫자	나와 우리	얼굴
☐ family 가족	☐ hi 안녕	☐ one 하나의, 한 개	☐ I 나	☐ face 얼굴
☐ grandparents 조부모	☐ nice 친절한, 좋은	☐ two 둘의, 두 개	☐ you 너, 너희	☐ eyebrow 눈썹
☐ grandfather 할아버지	☐ bye 잘 가, 안녕	☐ three 셋의, 세 개	☐ he 그	☐ eye 눈
☐ grandmother 할머니	☐ good 착한, 좋은	☐ four 넷의, 네 개	☐ she 그녀	☐ nose 코
☐ parents 부모	☐ morning 아침, 오전	☐ five 다섯의, 다섯 개	☐ we 우리	☐ ear 귀
☐ father 아버지	☐ afternoon 오후	☐ six 여섯의, 여섯 개	☐ they 그들	☐ mouth 입
☐ mother 어머니	☐ evening 저녁	☐ seven 일곱의, 일곱 개	☐ it 그것	☐ lip 입술
☐ brother 남자형제	☐ night 밤	☐ eight 여덟의, 여덟 개	☐ this 이것	☐ tooth 이, 치아
☐ sister 여자형제	☐ fine 괜찮은, 좋은	☐ nine 아홉의, 아홉 개	☐ that 저것	☐ cheek 뺨, 볼
☐ together 함께	☐ okay 괜찮은	☐ ten 열의, 열 개	☐ everyone 모든 사람, 모두	☐ chin 턱

몸, 신체	애완동물	음식	과일	채소
☐ hair 머리카락	☐ pet 애완동물	☐ rice 쌀, 쌀밥	☐ apple 사과	☐ tomato 토마토
☐ head 머리	☐ dog 개	☐ bread 빵	☐ pear 배	☐ carrot 당근
☐ neck 목	☐ cat 고양이	☐ jam 잼	☐ peach 복숭아	☐ potato 감자
☐ shoulder 어깨	☐ rabbit 토끼	☐ sandwich 샌드위치	☐ orange 오렌지	☐ sweet potato 고구마
☐ arm 팔	☐ bird 새	☐ cheese 치즈	☐ grape 포도	☐ corn 옥수수
☐ hand 손	☐ fish 물고기	☐ butter 버터	☐ strawberry 딸기	☐ onion 양파
☐ finger 손가락	☐ turtle 거북	☐ tea 차	☐ banana 바나나	☐ bean 콩
☐ leg 다리	☐ frog 개구리	☐ milk 우유	☐ kiwi 키위	☐ cabbage 양배추
☐ foot 발	☐ snake 뱀	☐ juice 주스	☐ lemon 레몬	☐ cucumber 오이
☐ toe 발가락	☐ hamster 햄스터	☐ water 물	☐ watermelon 수박	☐ pumpkin 호박

농장 동물	야생 동물	모습	색깔	옷
☐ horse 말	☐ tiger 호랑이	☐ new 새로운	☐ red 빨간색(의)	☐ clothes 옷
☐ rooster 수탉	☐ lion 사자	☐ ugly 못생긴	☐ blue 파란색(의)	☐ shirt 셔츠
☐ hen 암탉	☐ elephant 코끼리	☐ tall 키가 큰	☐ yellow 노란색(의)	☐ blouse 블라우스
☐ sheep 양	☐ bear 곰	☐ fat 뚱뚱한	☐ green 녹색(의)	☐ skirt 치마, 스커트
☐ cow 암소	☐ gorilla 고릴라	☐ pretty 예쁜	☐ purple 보라색(의)	☐ dress 드레스
☐ goat 염소	☐ monkey 원숭이	☐ beautiful 아름다운	☐ pink 분홍색(의)	☐ pants 바지
☐ duck 오리	☐ alligator 악어	☐ heavy 무거운	☐ brown 갈색(의)	☐ jeans 청바지
☐ goose 거위	☐ wolf 늑대	☐ light 가벼운	☐ gray 회색(의)	☐ jacket 재킷
☐ pig 돼지	☐ fox 여우	☐ bright 밝은	☐ black 검은색(의)	☐ socks 양말
☐ mouse 쥐	☐ zebra 얼룩말	☐ dark 어두운	☐ white 흰색(의)	☐ shoes 신발

감정	학교	학용품	자연	날씨
☐ happy 행복한	☐ school 학교	☐ bag 가방	☐ sun 태양	☐ hot 뜨거운, 더운
☐ sad 슬픈	☐ class 학급, 반	☐ pencil 연필	☐ moon 달	☐ cold 차가운, 추운
☐ glad 기쁜	☐ teacher 선생님	☐ book 책	☐ star 별	☐ warm 따뜻한
☐ angry 화가 난	☐ student 학생	☐ textbook 교과서	☐ sky 하늘	☐ cool 시원한
☐ bored 지루한	☐ friend 친구	☐ paper 종이	☐ mountain 산	☐ sunny 맑은, 화창한
☐ excited 신나는	☐ blackboard 칠판	☐ eraser 지우개	☐ land 땅, 육지	☐ cloudy 흐린
☐ sorry 미안한	☐ chalk 분필	☐ ruler 자	☐ tree 나무	☐ foggy 안개가 낀
☐ thank ~에게 감사하다	☐ desk 책상	☐ cutter 칼	☐ river 강	☐ windy 바람이 부는
☐ love 사랑하다	☐ chair 의자	☐ scissors 가위	☐ lake 호수	☐ rainy 비가 오는
☐ hate 미워하다	☐ absent 결석한	☐ glue 풀	☐ sea 바다	☐ snowy 눈이 내리는

직업	스포츠, 운동	교통	집	거실
☐ cook 요리하다	☐ soccer 축구	☐ road 도로, 길	☐ house 집	☐ curtain 커튼
☐ doctor 의사	☐ baseball 야구	☐ bicycle 자전거	☐ roof 지붕	☐ sofa 소파
☐ nurse 간호사	☐ basketball 농구	☐ motorcycle 오토바이	☐ window 창문	☐ table 탁자, 테이블
☐ scientist 과학자	☐ volleyball 배구	☐ car 차, 자동차	☐ door 문	☐ newspaper 신문
☐ farmer 농부	☐ table tennis 탁구	☐ bus 버스	☐ room 방	☐ radio 라디오
☐ police officer 경찰관	☐ tennis 테니스	☐ truck 트럭	☐ living room 거실	☐ television 텔레비전
☐ writer 작가	☐ boxing 복싱	☐ subway 지하철	☐ bedroom 침대	☐ telephone 전화기
☐ artist 예술가	☐ inline skates 인라인스케이트	☐ train 기차, 열차	☐ bathroom 욕실	☐ picture 그림
☐ musician 음악가	☐ skate 스케이트를 타다	☐ ship 배, 여객선	☐ kitchen 부엌	☐ clock 시계
☐ model 모델	☐ ski 스키를 타다	☐ airplane 비행기	☐ elevator 엘리베이터	☐ floor 바닥, 마루

침실	욕실	부엌	물건	행동
☐ bed 침대	☐ mirror 거울	☐ spoon 숟가락	☐ ball 공	☐ go 가다
☐ pillow 베개	☐ soap 비누	☐ fork 포크	☐ doll 인형	☐ come 오다
☐ blanket 담요	☐ shampoo 샴푸	☐ knife 칼	☐ toy 장난감	☐ meet 만나다
☐ lamp 조명	☐ comb 빗	☐ chopsticks 젓가락	☐ box 상자, 박스	☐ stop 멈추다
☐ closet 옷장	☐ toothbrush 칫솔	☐ plate 접시	☐ ribbon 리본	☐ stand 서다
☐ drawer 서랍	☐ toothpaste 치약	☐ cup 컵	☐ umbrella 우산	☐ sit 앉다
☐ globe 지구본	☐ bathtub 욕조	☐ kettle 주전자	☐ key 열쇠, 키	☐ open 열다
☐ computer 컴퓨터	☐ toilet 변기	☐ stove 스토브	☐ vase 꽃병, 병	☐ close 닫다
☐ photo 사진	☐ shower 샤워	☐ sink 싱크대	☐ glasses 안경	☐ like ~을 좋아하다
☐ fan 선풍기	☐ towel 수건	☐ refrigerator 냉장고	☐ ring 반지	☐ have 가지다, 먹다

교육부 권장 어휘
초등필수 영단어 2

아는 단어에 체크해보세요!

가족	사람들	숫자	감정	학교
□ husband 남편	□ baby 아기	□ eleven 11	□ great 정말 좋은	□ classroom 교실
□ wife 아내	□ child 어린이	□ twelve 12	□ bad 불쾌한, 나쁜	□ classmate 급우
□ son 아들	□ boy 소년	□ thirteen 13	□ scared 무서운	□ lesson 수업, 과목
□ daughter 딸	□ girl 소녀	□ fourteen 14	□ worry 걱정하다	□ homework 숙제
□ uncle 삼촌	□ man 남자	□ fifteen 15	□ cry 울다	□ test 시험
□ aunt 고모, 이모, 숙모	□ woman 여자	□ sixteen 16	□ joyful 즐거운	□ elementary 초등의
□ cousin 사촌	□ gentleman 신사	□ seventeen 17	□ upset 화가 난	□ teach ~을 가르치다
□ nephew 조카(남자)	□ lady 숙녀	□ eighteen 18	□ thirsty 목이 마른	□ learn ~을 배우다
□ niece 조카(여자)	□ person 사람	□ nineteen 19	□ hungry 배고픈	□ read ~을 읽다
□ live 살다	□ people 사람들	□ twenty 20	□ tired 피곤한	□ write ~을 쓰다

과목	수학	과학	미술	음악
□ Korean 한국어	□ number 번호, 수	□ rocket 로켓	□ color 색, 색깔	□ piano 피아노
□ English 영어	□ plus 더하여	□ robot 로봇	□ brush 붓	□ guitar 기타
□ math 수학	□ minus ~을 뺀	□ graph 그래프	□ line 선, 줄	□ drum 드럼
□ science 과학	□ once 한 번	□ plant 식물	□ circle 동그라미, 원	□ violin 바이올린
□ art 미술, 예술	□ twice 두 번	□ vegetable 채소	□ triangle 삼각형	□ cello 첼로
□ music 음악	□ zero 영, 0	□ insect 곤충	□ square 정사각형	□ flute 플루트
□ history 역사	□ hundred 백, 100	□ earth 지구	□ draw ~을 그리다	□ trumpet 트럼펫
□ study 공부하다	□ thousand 천, 1,000	□ air 공기	□ paint 색칠하다	□ play 놀다
□ sport 스포츠, 운동	□ some 약간의	□ stone 돌	□ make ~을 만들다	□ sing 노래하다
□ health 건강	□ a lot of 많은	□ fire 불	□ cut ~을 자르다	□ listen ~을 듣다

취미	식사	물건	꽃	동물원
□ favorite 가장 좋아하는	□ breakfast 아침 식사	□ can 깡통, 캔	□ root 뿌리	□ giraffe 기린
□ hobby 취미	□ lunch 점심 식사	□ board 널빤지	□ seed 씨앗	□ kangaroo 캥거루
□ cooking 요리	□ dinner 저녁 식사	□ piece 조각, 부분	□ stem 줄기	□ cheetah 치타
□ movie 영화	□ egg 달걀	□ glove 장갑	□ leaf 나뭇잎	□ iguana 이구아나
□ dance 춤, 춤추다	□ salad 샐러드	□ bat 방망이	□ flower 꽃	□ deer 사슴
□ camera 카메라	□ delicious 맛있는	□ album 앨범	□ sunflower 해바라기	□ camel 낙타
□ kite 연	□ sweet 달콤한	□ crayon 크레파스	□ rose 장미	□ panda 판다
□ badminton 배드민턴	□ bitter 쓴	□ candy 사탕	□ tulip 튤립	□ owl 올빼미
□ jogging 조깅, 달리기	□ eat ~을 먹다	□ plastic 플라스틱	□ lily 백합	□ ostrich 타조
□ travel 여행, 여행하다	□ drink ~을 마시다	□ flag 깃발	□ grow 기르다, 자라다	□ penguin 펭귄

바다 동물	곤충	직업	시간	주
□ whale 고래	□ butterfly 나비	□ president 대통령	□ calendar 달력	□ Monday 월요일
□ shark 상어	□ bee 벌	□ astronaut 우주비행사	□ date 날짜	□ Tuesday 화요일
□ dolphin 돌고래	□ dragonfly 잠자리	□ singer 가수	□ second 초	□ Wednesday 수요일
□ seal 물개	□ beetle 딱정벌레	□ dancer 댄서	□ minute 분	□ Thursday 목요일
□ squid 오징어	□ ladybug 무당벌레	□ firefighter 소방관	□ hour 시간	□ Friday 금요일
□ octopus 문어	□ ant 개미	□ reporter 리포터	□ day 날, 하루, 낮	□ Saturday 토요일
□ crab 게	□ grasshopper 메뚜기	□ businessman 사업가	□ week 주	□ Sunday 일요일
□ lobster 바닷가재	□ fly 파리	□ driver 운전사	□ month 달, 월	□ weekend 주말
□ shrimp 새우	□ mosquito 모기	□ actor 배우	□ season 계절	□ work 일하다
□ starfish 불가사리	□ spider 거미	□ lawyer 변호사	□ year 년	□ rest 휴식, 쉬다

달, 월	계절	위치	마을	도시
☐ January 1월	☐ November 11월	☐ in front of ~의 앞에	☐ store 가게	☐ building 건물, 빌딩
☐ February 2월	☐ December 12월	☐ behind ~의 뒤에	☐ restaurant 식당	☐ town 마을
☐ March 3월	☐ holiday 휴가	☐ next to ~의 옆에	☐ bakery 빵집	☐ company 회사
☐ April 4월	☐ vacation 방학	☐ top 꼭대기	☐ church 교회	☐ pool 수영장
☐ May 5월	☐ spring 봄	☐ middle 중간	☐ library 도서관	☐ park 공원
☐ June 6월	☐ summer 여름	☐ bottom 밑바닥	☐ hospital 병원	☐ airport 공항
☐ July 7월	☐ autumn 가을	☐ corner 모퉁이, 구석	☐ drugstore 약국	☐ factory 공장
☐ August 8월	☐ winter 겨울	☐ end 끝	☐ theater 극장	☐ museum 박물관
☐ September 9월	☐ different 다른	☐ here 이곳, 여기에	☐ bank 은행	☐ police station 경찰서
☐ October 10월	☐ return 돌아오다	☐ there 그곳, 거기에	☐ post office 우체국	☐ zoo 동물원

국가	성	옷	모습	행동
☐ Korea 한국	☐ castle 성	☐ cap 모자	☐ young 젊은	☐ start 시작하다
☐ Japan 일본	☐ king 왕	☐ belt 허리띠, 벨트	☐ old 나이 든	☐ finish ~을 끝내다
☐ China 중국	☐ queen 왕비	☐ vest 조끼	☐ strong 튼튼한	☐ move ~을 옮기다
☐ India 인도	☐ prince 왕자	☐ sweater 스웨터	☐ weak 약한	☐ continue 계속하다
☐ America 미국	☐ princess 공주	☐ coat 코트	☐ hard 단단한	☐ call ~을 부르다
☐ Germany 독일	☐ block 큰 덩어리, 블록	☐ button 단추, 버튼	☐ soft 부드러운	☐ walk 걷다
☐ England 영국	☐ gate 문	☐ pocket 호주머니	☐ dirty 더러운	☐ ride ~을 타다
☐ France 프랑스	☐ wall 벽	☐ shorts 반바지	☐ clean 깨끗한	☐ put ~을 놓다
☐ Italy 이탈리아	☐ stairs 계단	☐ boots 부츠, 장화	☐ thick 두꺼운	☐ fall 넘어지다
☐ world 세계	☐ garden 정원	☐ wear 입다	☐ thin 얇은	☐ help ~을 돕다

교육부 권장 어휘
초등필수 영단어 3

아는 단어에 체크해보세요!

식당	시장	생일	모양	생각
☐ dish 요리, 접시	☐ market 시장	☐ cake 케이크	☐ big 큰	☐ correct 옳은
☐ meat 고기	☐ shop 가게, 상점	☐ candle 초	☐ small 작은	☐ wrong 잘못된
☐ soup 수프	☐ item 물건	☐ gift 선물	☐ long 긴	☐ think ~을 생각하다
☐ beef 소고기	☐ choose ~을 고르다	☐ age 나이	☐ short 짧은	☐ guess 추측하다
☐ chicken 닭고기	☐ price 값, 가격	☐ invite ~을 초대하다	☐ wide 넓은	☐ forget ~을 잊다
☐ sugar 설탕	☐ free 무료의	☐ visit 방문하다	☐ narrow 좁은	☐ remember ~을 기억하다
☐ salt 소금	☐ cheap 값이 싼	☐ bring ~을 가져오다	☐ same 같은	☐ plan 계획하다
☐ pepper 후추	☐ expensive 값이 비싼	☐ surprise 놀라게 하다	☐ oval 타원형의	☐ hope ~을 바라다
☐ waiter 종업원, 웨이터	☐ buy ~을 사다	☐ celebrate 축하하다	☐ rectangle 직사각형	☐ dream 꿈, 꿈꾸다
☐ pay 지불하다	☐ sell ~을 팔다	☐ laugh 웃다	☐ cylinder 원통	☐ know ~을 알다

건강	산	캠핑, 야영	상태	일과
☐ sick 병이 난, 아픈	☐ wood 나무, 목재	☐ group 집단, 무리	☐ quick 빠른	☐ wake 일어나다
☐ hurt 아프다, 다치다	☐ rock 돌, 바위	☐ map 지도	☐ slow 느린	☐ exercise 운동하다
☐ fever 열	☐ hill 언덕	☐ tent 텐트	☐ high 높은	☐ wash ~을 씻다
☐ cough 기침	☐ pond 연못	☐ flashlight 손전등	☐ low 낮은	☐ hurry 서두르다
☐ chest 가슴	☐ storm 폭풍	☐ pot 냄비	☐ quiet 조용한	☐ say 말하다
☐ stomach 위	☐ lightning 번개	☐ site 장소	☐ noisy 시끄러운	☐ do 하다
☐ heart 심장	☐ thunder 천둥	☐ grass 잔디, 풀	☐ easy 쉬운	☐ drive 운전하다
☐ medicine 약	☐ rainbow 무지개	☐ enjoy ~을 즐기다	☐ difficult 어려운	☐ get 얻다
☐ life 삶, 생명	☐ fresh 신선한	☐ leave 떠나다	☐ dry 마른	☐ use ~을 사용하다
☐ die 죽다	☐ climb 오르다	☐ arrive 도착하다	☐ wet 젖은	☐ sleep 자다

비행기	여행	해변	성격	감각
□ pilot 조종사	□ station 역, 정거장	□ hat 모자	□ curious 호기심이 많은	□ sense 감각, 느낌
□ passenger 승객	□ snack 간식, 스낵	□ sunglasses 선글라스	□ brave 용감한	□ excellent 훌륭한
□ crew 승무원	□ game 게임, 경기	□ sunscreen 자외선 차단제	□ shy 수줍어하는	□ emotion 감정
□ seat 좌석, 자리	□ street 거리	□ bottle 병	□ careful 주의 깊은	□ sound 소리
□ passport 여권	□ bridge 다리	□ sand 모래	□ honest 정직한	□ see ~을 보다
□ ticket 표, 입장권	□ city 도시	□ ocean 바다	□ polite 예의 바른	□ hear ~을 듣다
□ suitcase 여행 가방	□ country 시골, 나라	□ wave 파도	□ kind 친절한	□ smell ~한 냄새가 나다
□ wing 날개	□ wait 기다리다	□ break 휴식	□ funny 재미있는	□ taste ~한 맛이 나다
□ runway 활주로	□ begin 시작하다	□ lie 눕다	□ smart 똑똑한, 영리한	□ feel 느끼다
□ fly 비행하다, 날다	□ stay 머무르다	□ swim 수영하다	□ foolish 어리석은	□ touch ~을 만지다

운동장	공원	운동	시간	방향
□ slide 미끄럼틀	□ picnic 소풍	□ gym 체육관	□ early 일찍	□ left 왼쪽
□ swing 그네	□ bench 벤치	□ wrist 손목	□ late 늦게	□ right 오른쪽
□ hide 숨다	□ fountain 분수	□ elbow 팔꿈치	□ noon 정오	□ straight 똑바로
□ find ~을 찾다	□ trash can 쓰레기통	□ ankle 발목	□ tonight 오늘 밤	□ away 떨어져
□ jump 뛰다	□ balloon 풍선	□ waist 허리	□ today 오늘	□ up 위로
□ shout 외치다	□ field 들판	□ jump rope 줄넘기	□ tomorrow 내일	□ down 아래로
□ throw ~을 던지다	□ kid 아이	□ ready 준비가 된	□ yesterday 어제	□ east 동쪽
□ catch ~을 잡다	□ run 달리다	□ turn 돌다	□ past 과거	□ west 서쪽
□ hit ~을 치다	□ smile 미소를 짓다	□ push ~을 밀다	□ present 현재	□ south 남쪽
□ kick ~을 발로 차다	□ relax 쉬다	□ pull ~을 잡아당기다	□ future 미래	□ north 북쪽

첫 번째의	애완동물	대화	우편	수업
☐ **first** 첫 번째의	☐ **fur** 털	☐ **problem** 문제	☐ **name** 이름	☐ **idea** 생각, 의견
☐ **second** 두 번째의	☐ **tail** 꼬리	☐ **communicate** 대화를 하다	☐ **address** 주소	☐ **word** 낱말, 단어
☐ **third** 세 번째의	☐ **beak** 부리	☐ **both** 둘 다	☐ **stamp** 우표	☐ **sentence** 문장
☐ **fourth** 네 번째의	☐ **fin** 지느러미	☐ **give** ~을 주다	☐ **mail** 우편	☐ **story** 이야기
☐ **fifth** 다섯 번째의	☐ **home** 집	☐ **take** 받다, 잡다	☐ **letter** 편지	☐ **ask** 묻다, 질문하다
☐ **sixth** 여섯 번째의	☐ **special** 특별한	☐ **agree** 동의하다	☐ **parcel** 소포	☐ **answer** 대답하다
☐ **seventh** 일곱 번째의	☐ **cute** 귀여운	☐ **change** ~을 바꾸다	☐ **pack** 싸다	☐ **spell** 철자를 쓰다
☐ **eighth** 여덟 번째의	☐ **want** ~을 원하다	☐ **fight** 싸우다	☐ **send** ~을 보내다	☐ **repeat** 반복하다
☐ **ninth** 아홉 번째의	☐ **keep** 기르다, 키우다	☐ **phone** 전화를 하다	☐ **deliver** 배달하다	☐ **practice** 연습하다
☐ **tenth** 열 번째의	☐ **feed** ~에게 먹이를 주다	☐ **talk** 이야기하다	☐ **receive** ~을 받다	☐ **understand** ~을 이해하다

은행	행사	수량	빈도	행동
☐ **downtown** 시내	☐ **card** 카드	☐ **all** 모든, 모두	☐ **always** 항상	☐ **build** 짓다
☐ **money** 돈	☐ **party** 파티	☐ **most** 대부분의	☐ **usually** 일반적으로	☐ **cover** 덮다
☐ **gold** 금	☐ **birthday** 생일	☐ **many** (수가) 많은	☐ **often** 자주, 종종	☐ **cross** 건너다
☐ **silver** 은	☐ **anniversary** 기념일	☐ **much** (양이) 많은	☐ **sometimes** 때때로	☐ **excuse** 용서하다
☐ **rich** 부유한	☐ **concert** 콘서트	☐ **few** (수가) 거의 없는	☐ **who** 누구	☐ **join** 가입하다
☐ **poor** 가난한	☐ **festival** 축제	☐ **little** (양이) 거의 없는	☐ **when** 언제	☐ **need** ~을 필요로 하다
☐ **count** 세다	☐ **show** 쇼	☐ **half** 반, 2분의 1	☐ **where** 어디	☐ **spend** ~을 쓰다, 소비하다
☐ **exchange** 교환하다	☐ **welcome** 환영하다	☐ **enough** 충분한	☐ **what** 무엇	☐ **mean** ~을 의미하다
☐ **borrow** ~을 빌리다	☐ **marry** ~와 결혼하다	☐ **empty** 빈	☐ **how** 얼마나, 어떻게	☐ **win** 이기다
☐ **save** ~을 저축하다	☐ **please** 기쁘게 하다	☐ **fill** ~을 채우다	☐ **why** 왜	☐ **lose** 지다

Start

Chapter

1

be동사

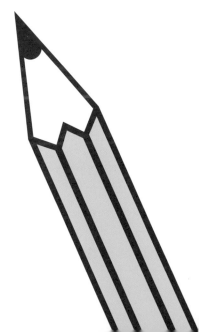

Unit 01

be동사의 긍정문

be동사 (~이다/있다) : **am/are/is**
그렇다면 '너는 키가 크다.'는 'You are tall.'일까?

I [am] a student.
나는 / 이다 / 학생

I [am] in the room.
나는 / 있다 / 방 안에(장소)

be동사의 긍정문 : 「주어 + am / are / is」 ~이다, ~(에) 있다

I 나	am	
You 너 / We 우리 / They 그들	are	in the classroom.
He 그 / She 그녀 / It 그것	is	

「be동사 + 장소」: ~(에) 있다
「be동사 + 장소를 제외한 명사, 형용사」: ~이다

궁금해요!

my brother이나 Mrs. Brown이 나오면 어떤 be동사를 써야 할까요?

my brother
→ 우리 형(=그) → He is

Mrs. Brown
→ Brown 부인(=그녀) → She is

참고!

you and I Mark and I	=	we
he and she Tony and Lucy	=	they
you and she you and Chris	=	you

Answers p.02

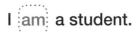 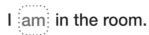 기.초.탄.탄

A 다음 중 알맞은 것을 고르세요.

1 I (am / are / is) a teacher.
나는 / 이다 / 선생님

2 We (am / are / is) friends.
우리는 / 이다 / 친구들

3 It (am / are / is) a tiger.
그것은 / 이다 / 호랑이

4 They (am / are / is) in the bathroom.
그들은 / 있다 / 화장실에

5 Mr. Sanders (am / are / is) at home.
Sanders 선생님은 / 계신다 / 집에

기.본.탄.탄

A   am, are, is 중 알맞은 것을 쓰세요.

1   We _____ hungry.

우리는 / 이다 / 배고픈

2   My father _____ a pilot.

나의 아버지는 / 이다 / 비행기 조종사

p _____

3   I _____ a girl.

나는 / 이다 / 소녀

g _____

4   She _____ cute.

그녀는 / 이다 / 귀여운

5   They _____ apples.

그것들은 / 이다 / 사과들

c _____

B   주어진 단어를 이용하여 문장을 완성하세요.

1   _____ _____ at the airport. (Mike)

Mike는 공항에 있다.

2   _____ _____ at the park. (she)

그녀는 공원에 있다.

p _____

3   _____ _____ in the hospital. (you)

너는 병원에 있다.

4   _____ _____ in the refrigerator. (they)

그것들은 냉장고에 있다.

h _____

5   _____ _____ on the bench. (I)

나는 벤치에 있다.

r _____

A 보기 1과 보기 2의 단어를 이용하여 문장을 완성하세요.

1 너는 간호사이다.

→ _____ _____ a nurse.

2 그것은 코끼리이다.

→ _____ _____ an elephant.

3 우리는 심심하다.

→ _____ _____ bored.

4 그들은 제빵사들이다.

→ _____ _____ bakers.

5 나는 과학자이다.

→ _____ _____ a scientist.

보기 1
we
you
I
it
they

+

보기 2
am
are
is

B 주어진 단어를 알맞게 배열하세요.

1 나는 군인이다. (am, a soldier, I)

→ _____

2 너는 용감하다. (are, you, brave)

→ _____

3 나의 아빠는 바쁘다. (is, busy, my dad)

→ _____

4 그들은 졸리다. (are, sleepy, they)

→ _____

5 그것은 흰색 개이다. (is, a white dog, it)

→ _____

★ 어휘 탄탄 ★

s ....

b ....

s ....

20

영.작.탄.탄

A 주어진 단어를 이용하여 문장을 완성하세요.

| I | + | am |

보기 1~3

at school

a student

happy

1 나는 학생이다.

→ _____

2 나는 행복하다.

→ _____

3 나는 학교에 있다.

→ _____

| we / you / they | + | are |

보기 4~6

monkeys

at the zoo

kind

4 우리는 동물원에 있다.

→ _____

5 너는 친절하다.

→ _____

6 그것들은 원숭이들이다.

→ _____

| she / it / Mary / he | + | is |

보기 7~10

smart

a police officer

at the bank

in the restroom

7 그녀는 똑똑하다.

→ _____

8 그것은 은행에 있다.

→ _____

9 Mary는 화장실에 있다.

→ _____

10 그는 경찰관이다.

→ _____

Unit 02

be동사의 부정문

be동사의 부정(~이 아니다/~에 없다): am/are/is + not
그렇다면 '그녀는 크지 않다.'는 'She is not tall.'일까?

I am happy. → I am not happy.

나는 / 이다 / 행복한   나는 / 아니다 / 행복한

be동사의 부정문: 「주어 + am / are / is + not」 ~ 이 아니다, ~ (에) 없다

I 나	am		
You 너 / We 우리 / They 그들	are	not	in the car.
He 그 / She 그녀 / It 그것	is		

Answers p.02

기.초.탄.탄

A 'not'이 들어갈 알맞은 위치를 고르세요.

1 They ① are ② on the train ③.

그들은 / 없다 / 기차에

2 I am ① in ② Seoul ③ now.

나는 / 없다 / 서울에 / 지금

3 ① He ② is ③ a cook.

그는 / 아니다 / 요리사가

4 The balls ① are ② in the basket ③.

그 공들은 / 없다 / 그 바구니에

5 She ① is ② a baby ③.

그녀는 / 아니다 / 아기가

6 We ① are ② in the hotel ③.

우리는 / 없다 / 그 호텔에

기.본.탄.탄

A 우리말에 맞게 이용하여 문장을 완성하세요.

★ 어휘 탄탄 ★

1 I _____ _____ sad.

나는 / 아니다 / 슬픈

s ....

2 My father _____ _____ in the park.

나의 아버지는 / 안 계신다 / 공원에

f ....

3 You _____ _____ Sally.

너는 / 아니다 / Sally가

f ....

4 David _____ _____ a firefighter.

David는 / 아니다 / 소방관이

t ....

5 We _____ _____ tired.

우리는 / 아니다 / 피곤한

a ....

B 우리말에 맞게 주어진 단어를 이용하여 문장을 완성하세요.

1 _____ _____ _____ sick. (you)

너는 아프지 않다.

2 _____ _____ _____ my friends. (they)

그들은 나의 친구들이 아니다.

3 _____ _____ _____ _____ angry. (my teacher)

나의 선생님은 화가 나지 않으셨다.

4 _____ _____ _____ short. (Kathy)

Kathy는 키가 작지 않다.

s ....

5 _____ _____ _____ hungry. (I)

나는 배고프지 않다.

A 주어진 문장을 부정문으로 바꾸세요.

1 She is my aunt. 그녀는 나의 이모이다.

→ _____

2 He is a good student. 그는 좋은 학생이다.

→ _____

c ....

3 My teacher is in the classroom. 나의 선생님께서는 교실에 계신다.

→ _____

4 The boys are in the living room. 그 소년들은 거실에 있다.

→ _____

l ....

5 Tom and Jim are at home. Tom과 Jim은 집에 있다.

→ _____

h ....

B 주어진 단어를 알맞게 배열하세요.

1 나는 지루하지 않다. (am, not, bored, I)

→ _____

b ....

2 그것들은 내 양말들이 아니다. (are, my socks, not, they)

→ _____

3 그것은 내 방에 없다. (is, in my room, it, not)

→ _____

s ....

4 그 청바지는 서랍에 없다. (are, in the drawer, the jeans, not)

→ _____

5 그녀는 예쁘지 않다. (is, she, not, pretty)

→ _____

d ....

영.작.탄.탄

A 주어진 단어를 이용하여 문장을 완성하세요.

I	+	am not

보기 1~3

Japanese

thirsty

at home

1 나는 목마르지 않다.

→ _____

2 나는 집에 없다.

→ _____

3 나는 일본 사람이 아니다.

→ _____

we / you / they	+	are not

보기 4~6

twins

my textbooks

excited

4 우리는 신이 나 있지 않다.

→ _____

5 너희들은 쌍둥이가 아니다.

→ _____

6 그것들은 내 교과서가 아니다.

→ _____

she / it / Kevin / he	+	is not

보기 7~10

a liar

in the room

heavy

nice

7 그녀는 방에 없다.

→ _____

8 그것은 무겁지 않다.

→ _____

9 Kevin은 거짓말쟁이가 아니다.

→ _____

10 그는 착하지 않다.

→ _____

Unit 03

be동사의 축약형

be동사의 축약형: 「주어 + be동사」 또는 「be동사 + not」
그렇다면 'He is not short.'는 어떻게 줄여 쓸 수 있을까?

I am happy. → I am happy. → I'm happy.
나는 / 이다 / 행복한   (2단어)   (1단어처럼)

She is not a cook. → She is not a cook. → She isn't a cook.
그녀는 / 아니다 / 요리사   (2단어)   (1단어처럼)

「주어 + be동사」의 축약형		「be동사 + not」의 축약형
I am = I'm	We are = We're	am not = 없음
You are = You're	They are = They're	are not = aren't
She is = She's	It is = It's	is not = isn't
He is = He's		

궁금해요!
am not의 축약형은? → 없다!
am not의 축약형은 공식대로
라면 amn't일 것 같지만, 사실
은 사용하지 않아요.

Answers p.03

기.초.탄.탄

A 주어진 말의 알맞은 축약형을 쓰세요. (단, 축약형이 없는 경우 X를 쓰세요.)

1 is not → _____   **6** am not → _____

2 I am → _____   **7** We are → _____

3 You are → _____   **8** She is → _____

4 are not → _____   **9** They are → _____

5 It is → _____   **10** He is → _____

기.본.탄.탄

A 밑줄 친 부분을 축약형으로 바꾸세요.

1 <u>You are</u> very kind. → _____ very kind.
너는 / 이다 / 매우 친절한

2 <u>She is</u> cute. → _____ cute.
그녀는 / 이다 / 귀여운

3 <u>We are</u> hungry. → _____ hungry.
우리는 / 이다 / 배고픈

4 <u>I am</u> very smart. → _____ very smart.
나는 / 이다 / 매우 똑똑한

5 <u>It is</u> very cold. → _____ very cold.
날씨가 / 이다 / 매우 추운

k

h

s

B 밑줄 친 부분을 축약형으로 바꾸어 문장을 다시 쓰세요.

1 He <u>is not</u> my uncle. 그는 나의 삼촌이 아니다.
→ _____

2 They <u>are not</u> my classmates. 그들은 나의 반 친구가 아니다.
→ _____

3 She <u>is not</u> beautiful. 그녀는 아름답지 않다.
→ _____

4 It <u>is not</u> fast. 그것은 빠르지 않다.
→ _____

5 We <u>are not</u> bored. 우리는 지루하지 않다.
→ _____

u

c

f

실.력.탄.탄

A 두 가지 형태의 축약형으로 문장을 완성하세요.

> **He is not ten years old.** → **He's not** ten years old.
>
> 그는 열 살이 아니다. → **He isn't** ten years old.

1 They are not under the table. → _____ under the table.

그것들은 식탁 아래에 없다. → _____ under the table.

2 You are not funny. → _____ funny.

너는 재미없다. → _____ funny.

3 We are not lazy. → _____ lazy.

우리는 게으르지 않다. → _____ lazy.

4 It is not a heavy box. → _____ a heavy box.

그것은 무거운 상자가 아니다. → _____ a heavy box.

B 주어진 단어를 알맞게 배열하세요.

1 그는 배우가 아니다. (isn't, he, an actor)

→ _____

2 그것은 쉽지 않다. (not, it's, easy)

→ _____

3 그녀는 최고의 리포터이다. (reporter, the best, she's)

→ _____

4 나는 침실에 없다. (not, I'm, in the bedroom)

→ _____

5 그것들은 흰색 고양이가 아니다. (not, white cats, they're)

→ _____

★ 어휘 탄탄 ★

t

f

l

a

b

c

영.작.탄.탄

A 주어진 단어를 이용해서 문장을 완성하세요. (단, 축약형을 사용하세요.)

| I | + | am | + | not |

보기 1~2

in Korea

an American

1 저는 한국에 있지 않습니다.

→ _____

2 저는 미국인이 아닙니다.

→ _____

| it / he / she | + | is | + | not |

보기 3~5

tall

kind

a robot

3 그것은 로봇이 아닙니다.

→ _____

4 그는 친절하지 않습니다.

→ _____

5 그녀는 키가 크지 않습니다.

→ _____

| you / they / we | + | are | + | not |

보기 6~10

upset

businessmen

my neighbors

hard

10 years old

6 당신들은 내 이웃이 아닙니다.

→ _____

7 그들은 사업가가 아닙니다.

→ _____

8 우리는 열 살이 아닙니다.

→ _____

9 그것들은 딱딱하지 않습니다.

→ _____

10 우리는 화나지 않았다.

→ _____

Unit 04

be동사의 의문문

be동사의 의문문(~인가요 / ~에 있나요): **Be동사 + 주어 ~?**
그렇다면 '그녀가 아픈가요?'는 **'Is she sick?'**일까?

He **is** a doctor. → **Is** he a doctor?

그는 / 이다 / 의사   인가요? / 그는 / 의사

He **is** in the hospital. → **Is** he in the hospital?

그는 / 있다 / 병원에   있나요? / 그는 / 병원에(장소)

궁금해요!

Yes로 대답할 때
주어와 be동사는 줄여 쓸 수 있나요?
→ 아니요, 줄여 쓸 수 없어요!
Are you busy?
– Yes, I'm. (X)
– Yes, I am. (O)

be동사의 의문문: 「Am / Are / Is + 주어 ~?」

be동사의 의문문			긍정의 대답	부정의 대답
Am	I		Yes, you are.	No, you aren't.
Are	you	late ?	Yes, I am.	No, I'm not.
	we / they		Yes, we / they are.	No, we / they aren't.
Is	he / she / it		Yes, he / she / it is.	No, he / she / it isn't.

Answers p.04

 기.초.탄.탄

A 다음 중 알맞은 것을 고르세요.

1 (Am / Are / Is) she beautiful?   인가요? / 그녀는 / 아름다운

2 (Am / Are / Is) they cool?   인가요? / 그것들은 / 차가운

3 (Am / Are / Is) it exciting?   인가요? / 그것은 / 신나는

4 (Am / Are / Is) you nervous?   인가요? / 당신은 / 긴장된

5 (Am / Are / Is) I late?   인가요? / 제가 / 늦은

기.본.탄.탄

A 알맞은 be동사를 써서 의문문을 완성하세요.

★ 어휘 탄탄 ★

1 _____ the train too slow?

인가요? / 그 기차는 / 너무 느린

s ....

2 _____ I right?

인가요? / 내가 / 옳은

r ....

3 _____ he handsome?

인가요? / 그는 / 잘생긴

4 _____ they kind?

인가요? / 그들은 / 친절한

h ....

5 _____ you scientists?

인가요? / 당신들은 / 과학자들

B 빈칸을 채워 의문문을 완성하세요.

1 You are busy. → _____ _____ busy?

너는 바쁘다.　　　　　너는 바쁘니?

2 She is very angry. → _____ _____ very angry?

그녀는 매우 화가 나 있다.　　그녀는 매우 화가 나 있나요?

b ....

3 Mike is tall. → _____ _____ tall?

Mike는 키가 크다.　　　　Mike는 키가 큰가요?

4 It is the moon. → _____ _____ the moon?

그것은 달이다.　　　　그것은 달인가요?

t ....

5 They are plants. → _____ _____ plants?

그것들은 식물이다.　　그것들은 식물들인가요?

m ....

실.력.탄.탄

A 주어진 문장을 의문문으로 바꾸세요.

★ 어휘 탄탄 ★

1 You are okay. 너는 괜찮다.

→ _____ 너는 괜찮니?

2 They are jeans. 그것들은 청바지이다.

→ _____ 그것들은 청바지인가요?

3 The movies are funny. 그 영화들은 재미있다.

→ _____ 그 영화들은 재미있나요?

4 It is a blouse. 그것은 블라우스이다.

→ _____ 그것은 블라우스인가요?

5 He is busy today. 그는 오늘 바쁘다.

→ _____ 그는 오늘 바쁜가요?

j ....

m ....

b ....

B 주어진 단어를 알맞게 배열하세요.

1 그것들은 바나나인가요? (are, bananas, they)

→ _____

2 그녀는 집에 있나요? (is, at home, she)

→ _____

3 제가 틀렸나요? (I, am, wrong)

→ _____

4 너는 춥니? (are, cold, you)

→ _____

5 그는 화장실에 있나요? (he, in the bathroom, is)

→ _____

b ....

w ....

c ....

영.작.탄.탄

A 주어진 단어를 이용해서 문장을 완성하세요.

> Am + I ~?

보기 1~2

pretty

smart

1 제가 똑똑한가요?

→ _____

2 제가 예쁜가요?

→ _____

> Are + you / they / we ~?

보기 3~6

my students

at school

late for school

chopsticks

3 당신은 학교에 있나요?

→ _____

4 그것들은 젓가락인가요?

→ _____

5 너희들은 나의 학생들이니?

→ _____

6 우리가 학교에 늦었나요?

→ _____

> Is + she / it / he ~?

보기 7~10

on the subway

your grandfather

a big problem

in the refrigerator

7 그녀는 지하철에 있나요?

→ _____

8 그것은 냉장고에 있나요?

→ _____

9 그분이 너의 할아버지시니?

→ _____

10 그것은 큰 문제인가요?

→ _____

A 그림을 보고 알맞은 단어들을 골라 문장을 완성하세요.

1

Mike	you	I
am	are	is
in the zoo	in the library	in the toilet

→ _____

2

we	he	they
am not	are not	is not
shoes	candies	socks

→ _____

3

am	are	is
he	she	it
a dancer	a police officer	a singer

→ _____

B 코드표를 보고 숨겨진 단어를 찾아 문장을 완성하세요.

■	□	▣	▤	▥	▦	▨	▧	▨	▲	△	▶	▼
A	B	C	D	E	F	G	H	I	J	K	L	M
▽	◆	◇	◈	○	◎	●	◐	◑	★	♠	♣	♡
N	O	P	Q	R	S	T	U	V	W	X	Y	Z

1 ▨ ■▼ ▽◆● ▧◐▽▨○♣. (4 words)

→ _____

2 ▨● ▨◎ ◐▥○♣ ◎◐○◇○▨◎▨▽▨. (4 words)

→ _____

3 ★▥ ■○▥ ■ ▦■▼▨▶♣. (4 words)

→ _____

Chapter

2

대명사

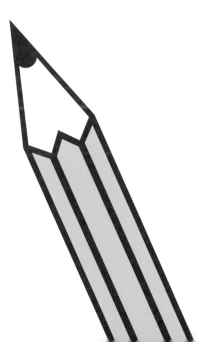

Unit 01

인칭대명사의 주격 / 소유격

인칭대명사의 주격과 소유격은 '나 - 나의, 그 - 그의'...
영어로는 I - my, he - his...일까?

My mother is an artist. ➔ ⦙She⦙ is an artist. ➔ I am ⦙her⦙ son.

우리 어머니는 / 이시다 / 미술가　　　그녀는 / 이다 / 미술가　　　나는 / 이다 / 그녀의 / 아들

인칭대명사: 사람이나 사물을 대신 가리키는 말

	단수	복수
1인칭	I 나	we 우리들
2인칭	you 너	you 너희들
3인칭	he 그 / she 그녀 / it 그것	they 그들

인칭대명사의 주격과 소유격

단수		복수	
주격(~은, 는, 이, 가)	소유격(~의)	주격(~은, 는, 이, 가)	소유격(~의)
I 나는 you 너는 he/ she/ it 그는 / 그녀는 / 그것은	my 나의 your 너의 his/ her/ its 그의 / 그녀의 / 그것의	we 우리는 you 너희들은 they 그들은	our 우리의 your 너희들의 their 그들의

※ 주격은 '~ 은, 는, 이, 가'로 해석되며 문장에서 주어 역할을 하고, 소유격은 '~ 의'로 해석되며, 명사 앞에서 명사를 꾸며준다.

Answers p.05

기.초.탄.탄

A 다음 중 알맞은 것을 고르세요.

1 (He / His) is poor.　　　　　　　　그는 / 이다 / 가난한

2 (I / My) hat is red.　　　　　　　　나의 / 모자는 / 이다 / 빨간색

3 (You / Your) legs are strong.　　　너의 / 다리는 / 이다 / 튼튼한

4 (It / Its) is a rabbit.　　　　　　　그것은 / 이다 / 토끼

A 밑줄 친 말을 알맞은 인칭대명사로 바꾸세요.

★ 어휘 탄탄 ★

1 <u>The girl</u> is on the street. 그 소녀는 / 있다 / 거리에

→ _____ is on the street. 그녀는 / 있다 / 거리에

s ·············

2 <u>My uncle</u> is in the room. 나의 삼촌은 / 있다 / 방에

→ _____ is in the room. 그는 / 있다 / 방에

h ·············

3 <u>Her hair</u> is really short. 그녀의 머리카락은 / 이다 / 정말 짧은

→ _____ is really short. 그것은 / 이다 / 정말 짧은

4 <u>Tom and Jane</u> are husband and wife. Tom과 Jane은 / 이다 / 남편과 아내

→ _____ are husband and wife. 그들은 / 이다 / 남편과 아내

w ·············

5 <u>My brother and I</u> are in the park. 나의 남동생과 나는 / 있다 / 공원에

→ _____ are in the park. 우리는 / 있다 / 공원에

B 밑줄 친 부분에 유의하여 우리말에 알맞은 인칭대명사를 쓰세요.

1 <u>They</u> are my favorite games. 그것들은 내가 제일 좋아하는 게임들이다.

→ _____ rules are easy. 그것들의 규칙들은 쉽다.

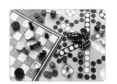

g ·············

2 <u>It</u> is her bag. 그것은 그녀의 가방이다.

→ _____ price is very high. 그것의 가격은 매우 비싸다.

3 <u>You and I</u> are very young. 너와 나는 매우 젊다.

→ _____ future is very bright. 우리의 미래는 매우 밝다.

p ·············

4 <u>He</u> is from the U.K. 그는 영국에서 왔다.

→ _____ hometown is London. 그의 고향은 런던이다.

5 <u>She</u> is a doctor. 그녀는 의사이다.

→ _____ hospital is behind the church. 그녀의 병원은 교회 뒤편에 있다.

b ·············

A 밑줄 친 부분에 유의하여 우리말에 알맞은 인칭대명사를 쓰세요.

1 <u>나의</u> 반지는 <u>그녀의</u> 주머니 안에 있다.

→ _____ ring is in _____ pocket.

2 <u>그녀</u>와 <u>그녀의</u> 여동생은 중학생이다.

→ _____ and _____ sister are middle school students.

3 <u>우리</u>는 <u>그들의</u> 집에 있다.

→ _____ are in _____ house.

4 <u>그의</u> 음악 선생님은 <u>나의</u> 삼촌이다.

→ _____ music teacher is _____ uncle.

5 <u>우리의</u> 가방들은 <u>너의</u> 책상 아래에 있다.

→ _____ backpacks are under _____ desk.

B 주어진 단어를 알맞게 배열하세요.

1 그것의 털은 매우 부드럽다. (is, fur, very soft, its)

→ _____

2 그들의 이웃은 매우 친절하다. (are, very kind, neighbors, their)

→ _____

3 우리 아이들은 매우 신이 났다. (are, children, very excited, our)

→ _____

4 그의 피자는 마을에서 최고이다. (is, the best, pizza, in town, his)

→ _____

5 그녀의 집은 서울에 있다. (is, in Seoul, house, her)

→ _____

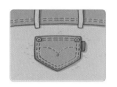

p _____

m _____

b _____

f _____

e _____

t _____

영.작.탄.탄

A 우리말에 맞게 주어진 단어를 이용하여 문장을 완성하세요.

I – my	you – your	he – his	she – her
it – its	we – our	you – your	they – their

1 그녀는 우리의 반 친구이다. (classmate)

→ _____

2 우리의 차는 그들의 건물에 있다. (car, in, building)

→ _____

3 그것들은 그녀의 안경이다. (glasses)

→ _____

4 그것의 배터리는 나의 서랍에 있다. (battery, in, drawer)

→ _____

5 우리의 앨범은 너의 책상 위에 있다. (albums, on, desk)

→ _____

6 그의 티켓이 우리의 차 안에 있다. (ticket, in, car)

→ _____

7 우리는 당신의 학생입니다. (students)

→ _____

8 그분들은 나의 조부모님이시다. (grandparents)

→ _____

9 그는 그들의 배에 있다. (on, ship)

→ _____

10 그것은 그의 유니폼이다. (uniform)

→ _____

b _____

g _____

d _____

t _____

s _____

u _____

인칭대명사의 목적격

인칭대명사의 목적격은 '나를, 너를, 그를, 그녀를'...
영어로는 **me, you, him, her**...일까?

I like Tom.	→	I like him.
나는 / 좋아한다 / Tom을		나는 / 좋아한다 / 그를

인칭대명사의 목적격

단수		복수	
주격(은, 는, 이, 가)	목적격(~을/를/~에게)	주격(은, 는, 이, 가)	목적격(~을/를/~에게)
I 나는 you 너는 he 그는 she 그녀는 it 그것은	me 나를 you 너를 him 그를 her 그녀를 it 그것을	we 우리는 you 너희들은 they 그들은	us 우리들을/에게 you 너희들을/에게 them 그들을/에게

※ 목적격은 ' ~ 을, 를, 에게'로 해석하며, 문장에서 목적어 역할을 한다.

Answers p.05

 기.초.탄.탄

A 다음 중 알맞은 것을 고르세요.

1 I like (his / him). 나는 / 좋아한다 / 그를

2 We know (her / she). 우리는 / 안다 / 그녀를

3 They love (me / my). 그들은 / 사랑한다 / 나를

4 She teaches (our / us). 그녀는 / 가르친다 / 우리를

5 He needs (you / your). 그는 / 필요로 한다 / 너를

A 밑줄 친 말을 알맞은 인칭대명사로 바꿔 쓰세요.

1 My parents love <u>Mike</u>. 나의 부모님은 / 사랑한다 / Mike를

→ My parents love _____.

2 He knows <u>the secrets</u>. 그는 / 안다 / 그 비밀들을

→ He knows _____.

3 Your rabbit is scared of <u>Alice</u>. 너의 토끼는 / 두려워한다 / Alice를

→ Your rabbit is scared of _____.

4 David and Paul drive <u>the car</u>. David와 Paul은 / 운전한다 / 그 자동차를

→ David and Paul drive _____.

5 Mrs. Morrison likes <u>me and my aunt</u>. Morrison 부인은 / 좋아한다 / 나와 나의 이모를

→ Mrs. Morrison likes _____.

B 다음 밑줄 친 부분을 알맞은 인칭대명사로 고쳐 쓰세요.

1 The dogs hate <u>they</u>. 그 개들은 그것들을 싫어한다.

→ The dogs hate _____.

2 I take care of <u>its</u>. 나는 그것을 돌본다.

→ I take care of _____.

3 Jack and Jill choose <u>our</u>. Jack과 Jill은 우리를 선택한다.

→ Jack and Jill choose _____.

4 My friends know <u>your</u>. 나의 친구들은 너희들을 안다.

→ My friends know _____.

5 The nurses help <u>he</u>. 그 간호사들은 그를 돕는다.

→ The nurses help _____.

실.력.탄.탄

A 우리말과 같은 뜻이 되도록 빈칸에 알맞은 말을 넣으세요.

★ 어휘 탄탄 ★

1 나의 형들은 학교에서 나를 도와준다.

→ My brothers help _____ at school.

2 어떤 새들은 아침에 우리를 위해 노래한다.

→ Some birds sing for _____ in the morning.

3 Robinson 선생님은 그녀에게 과학을 가르치신다.

→ Mr. Robinson teaches science to _____ .

4 Jane과 나는 그들을 매일 기다린다.

→ Jane and I wait for _____ every day.

5 우리의 이웃들은 그에게 인사한다.

→ Our neighbors say hello to _____ .

m ....

s ....

w ....

B 주어진 단어를 알맞게 배열하세요.

1 그녀의 부모님은 우리를 좋아하신다. (parents, her, us, like)

→ _____

2 나의 엄마는 그를 위해 요리를 하신다. (cooks food, mom, for him, my)

→ _____

3 그의 아이들을 그것들을 책상 위에 놓는다. (on the desk, children, put them, his)

→ _____

4 그들의 학생들은 매일 그것을 연습한다. (every day, practice it, their, students)

→ _____

5 너의 친구들은 그녀에게 영어로 이야기한다. (in English, your, talk to her, friends)

→ _____

c ....

d ....

p ....

A 주어진 단어를 이용하여 문장을 완성하세요.

me / you / us

1 너의 조부모님은 나를 아신다. (grandparents)

→ _____

2 너의 누나들은 너를 사랑한다. (sisters)

→ _____

3 그들의 누나들이 우리를 가르친다. (sisters)

→ _____

4 그 선생님들은 너희들을 믿는다. (the teachers)

→ _____

him / her

5 우리의 이웃들은 그를 기억한다. (neighbors)

→ _____

6 그 경찰관들은 그녀를 찾는다. (the police officers)

→ _____

it / them

7 그 사슴들은 그들을 따라간다. (the deer)

→ _____

8 그 원숭이들은 그것을 올라간다. (the monkeys)

→ _____

9 그의 아이들은 그것을 좋아한다. (children)

→ _____

10 나의 친구들은 그것들을 요리한다. (friends)

→ _____

보기 1~4

believe

know

teach

love

보기 5~6

look for

remember

보기 7~10

follow

cook

like

climb

Unit 03 인칭대명사의 소유대명사

인칭대명사의 소유대명사는 '나의 것, 너의 것, 그의 것, 그녀의 것'...
영어로는 mine, yours, his, hers...?

It is my pen.　　→　　It is mine.

그것은 / 이다 / 나의 펜(소유격 + 명사)　　그것은 / 이다 / 나의 것(소유대명사)

인칭대명사의 소유대명사

단수		복수	
소유격(~의) + 명사	소유대명사(~의 것)	소유격(~의) + 명사	소유대명사(~것)
my 나의 your 너의 his 그의 + pen her 그녀의 its 그것의	mine 나의 것 yours 너의 것 his 그의 것 hers 그녀의 것 X 없음	our 우리의 your 너희들의 + pen their 그들의	ours 우리들의 것 yours 너희들의 것 theirs 그들의 것

※ 소유대명사: ' ~ 의 것'으로 해석하며, 「소유격 + 명사」를 대신한다.

Answers p.06

기.초.탄.탄

A 다음 중 알맞은 것을 고르세요.

1 The book is (him / his).　　그 책은 / 이다 / 그의 것

2 The glasses are (her / hers).　　그 안경은 / 이다 / 그녀의 것

3 The hamburger is (your / yours).　　그 햄버거는 / 이다 / 너의 것

4 The passports are (we / ours).　　그 여권들은 / 이다 / 우리의 것

5 The seat is (my / mine).　　그 좌석은 / 이다 / 나의 것

A 주어진 단어를 알맞게 변형하여 문장을 완성하세요.

★ 어휘 탄탄 ★

1 That red bag is _____. (I)

저 빨간 가방은 / 이다 / 나의 것

p _____

2 These pencils are _____. (they)

이 연필들은 / 이다 / 그들의 것

c _____

3 The camera is _____. (she)

그 카메라는 / 이다 / 그녀의 것

4 These school uniforms are _____. (we)

이 교복은 / 이다 / 우리의 것

u _____

5 This old dress is _____. (you)

이 낡은 드레스는 / 이다 / 너의 것

B 밑줄 친 부분을 알맞은 소유대명사로 바꾸고 뜻을 쓰세요.

1 This is <u>my glue</u>. → This is _____.

이것은 <u>나의 풀</u>이다.   이것은 _____ 이다.

g _____

2 It is <u>his photo</u>. → It is _____.

그것은 <u>그의 사진</u>이다.   그것은 _____ 이다.

3 It is <u>our pet</u>. → It is _____.

그것은 <u>우리의 애완동물</u>이다.   그것은 _____ 이다.

p _____

4 They are <u>your cookies</u>. → They are _____.

그것들은 <u>너의 쿠키</u>이다.   그것들은 _____ 이다.

5 That is <u>her piano</u>. → That is _____.

저것은 <u>그녀의 피아노</u>이다.   저것은 _____ 이다.

p _____

A 알맞은 소유대명사를 써서 대화를 완성하세요.

1 A: Is it her radio? 그것은 그녀의 라디오인가요?

B: Yes. _____. 네. 그것은 그녀의 것이에요.

r _____

2 A: Is it his key? 그것은 그의 열쇠인가요?

B: Yes. _____. 네. 그것은 그의 것이에요.

k _____

3 A: Is it your purse? 그것은 당신의 지갑인가요?

B: Yes. _____. 네. 그것은 나의 것이에요.

p _____

4 A: Is it their computer game? 그것은 그들의 컴퓨터 게임인가요?

B: Yes. _____. 네. 그것은 그들의 것이에요.

5 A: Is it our house? 그것은 우리의 집인가요?

B: Yes. _____. 네. 그것은 우리의 것이에요.

B 주어진 단어를 알맞게 배열하세요.

1 그 분홍색 치마는 그녀의 것이다. (is, hers, the pink skirt)

→ _____

s _____

2 너의 것은 옷장 안에 있다. (in the closet, is, yours)

→ _____

3 그들의 것은 테이블 위에 있다. (is, theirs, on the table)

→ _____

t _____

4 우리들의 것은 바닥 위에 있다. (on the floor, is, ours)

→ _____

5 그의 것은 박스 안에 있다. (is, in the box, his)

→ _____

f _____

A 주어진 단어를 이용하여 문장을 완성하세요.

> **yours / mine**

1 그 벨트는 너의 것이다.

→ _____

2 그 공책은 나의 것이 아니다.

→ _____

3 그 반지는 나의 것이다.

→ _____

보기 1~3

the belt

the ring

the notebook

> **his / hers**

4 그 책들은 그의 것이다.

→ _____

5 그 젓가락은 그녀의 것이다.

→ _____

6 그 단추들은 그의 것이 아니다.

→ _____

보기 4~6

the buttons

the books

the chopsticks

> **theirs / ours**

7 그 컵들은 그들의 것이다.

→ _____

8 그 사과들은 우리의 것이다.

→ _____

9 그 기타는 우리의 것이다.

→ _____

10 그 돈은 그들의 것이다.

→ _____

보기 7~10

the guitar

the cups

the money

the apples

Unit 04

지시대명사 this / that

지시대명사는 '이것, 저것, 이것들, 저것들'
영어로는 this, that, these, those?

This is a pencil.   →   **These** are pencils.
이것은 / 이다 / 연필(하나)   이것들은 / 이다 / 연필들(여러 개)

That is my friend.   →   **Those** are my friends.
저분은 / 이다 / 나의 친구(한 명)   저분들은 / 이다 / 나의 친구들(여러 명)

지시대명사: 사람이나 사물을 대신 가리켜 이것(들), 저것(들)이라고 부르며, 거리와 수에 따라 다르게 사용한다.

거리 수	단수형	복수형
가까이 있는 대상	this 이것, 이분	these 이것들, 이분들
멀리 있는 대상	that 저것, 저분	those 저것들, 저분들

Answers p.07

 기.초.탄.탄

A 다음 중 알맞은 것을 고르세요.

1 (That is / Those are) my boots.   저것들은 / 이다 / 나의 부츠

2 (This is / These are) his favorite food.   이것은 / 이다 / 그의 가장 좋아하는 음식

3 (This is / These are) iguanas.   이것들은 / 이다 / 이구아나들

4 (That is / These are) his vest.   저것은 / 이다 / 그의 조끼

5 (This is / These are) maps.   이것들은 / 이다 / 지도들

A 우리말과 같은 뜻이 되도록 알맞은 말을 쓰세요.

★ 어휘 탄탄 ★

1 _____ is your ring.

이것은 / 이다 / 너의 반지

r _____

2 _____ are apples.

이것들은 / 이다 / 사과들

a _____

3 _____ is my father.

저분은 / 이시다 / 나의 아버지

4 _____ are her dresses.

저것들은 / 이다 / 그녀의 드레스들

d _____

5 _____ are my friends, Jack and Tracy.

저 사람들은 / 이다 / 나의 친구 Jack과 Tracy

B 알맞은 말을 넣어 문장을 완성하세요.

1 _____ _____ a beautiful rose.

이것은 예쁜 장미이다.

r _____

2 _____ _____ my trumpets.

이것들은 나의 트럼펫이다.

3 _____ _____ crews.

저분들은 승무원이다.

t _____

4 _____ _____ the king.

저분은 왕이다.

5 _____ _____ his medicine.

저것은 그의 약이다.

k _____

실.력.탄.탄

A 주어진 문장을 우리말에 맞게 바꿔 쓰세요.

1 This is an elephant. 이것은 코끼리이다.

→ _____ are elephants. 이것들은 코끼리들이다.

2 These are my lawyers. 이분들은 나의 변호사들이다.

→ _____ is my lawyer. 이분은 나의 변호사이다.

3 That is a fork. 저것은 포크이다.

→ _____ are forks. 저것들은 포크들이다.

4 That is an actor. 저분은 배우이다.

→ _____ are actors. 저분들은 배우들이다.

5 Those are rabbits. 저것들은 토끼들이다.

→ _____ is a rabbit. 저것은 토끼이다.

B 주어진 단어를 알맞게 배열하세요.

1 저것은 달걀이다. (is, an egg, that)

→ _____

2 이것들은 우리의 좌석들이다. (are, seats, our, these)

→ _____

3 이분은 나의 승객이다. (is, my passenger, this)

→ _____

4 저것들은 신선한 레몬이다. (are, fresh lemons, those)

→ _____

5 이것들은 너의 드럼이다. (are, drums, your, these)

→ _____

★ 어휘 탄탄 ★

e ....

l ....

f ....

s ....

p ....

l ....

50

영.작.탄.탄

A 주어진 단어를 이용하여 문장을 완성하세요.

| this / that | + | is |

보기 1~5

the queen

her child

my grandmother

a flag

a sweater

1 저분은 나의 할머니시다.

→ _____

2 이것은 깃발이다.

→ _____

3 이 아이는 그녀의 자녀이다.

→ _____

4 저것은 스웨터이다.

→ _____

5 이분은 여왕이시다.

→ _____

| these / those | + | are |

보기 6~10

my earrings

astronauts

baseball players

candles

stairs

6 이것들은 나의 귀걸이이다.

→ _____

7 저것들은 계단이다.

→ _____

8 저분들은 우주비행사이다.

→ _____

9 이것들은 양초이다.

→ _____

10 이분들은 야구 선수이다.

→ _____

Unit 05

비인칭 주어 it

비인칭 주어 it
'그것'으로 해석하면 안 돼요!

What time is it ? → It is 10:30.

몇 시 / 인가요? / 비인칭 주어(해석X)   비인칭 주어(해석X) / 이다 / 10시 30분

종류		쓰임	해석
비인칭 주어 it	시간	It is 7:07. 7시 7분이다.	해석 ×
	요일	It is Sunday. 일요일이다.	
	날짜	It is January 1. 1월 1일이다.	
	날씨	It is sunny. 날씨가 화창하다.	
	계절	It is winter. 겨울이다.	
	거리	It is 2 km. 2km이다.	
	명암	It is already dark outside. 벌써 밖이 어둡다.	
인칭대명사 it		사물이나 동·식물 등을 대신 가리키는 말 I have a big bag. It is very heavy. 나는 큰 가방이 있다. 그것은 매우 무겁다.	그것

※ 비인칭 주어 it: 시간, 요일, 날짜, 날씨, 계절, 거리, 명암 등을 나타내는 말로 '그것'이라고 해석하지 않는다.

Answers p.07

 기.초.탄.탄

A It이 가리키는 것을 고르세요.

1 It is Monday again. (날씨 / 계절 / 요일)   이다 / 월요일 / 다시

2 It is so dark in here. (명암 / 시간 / 거리)   이다 / 매우 어두운 / 안은

3 It is about 450 km from Seoul to Busan. (명암 / 시간 / 거리)   이다 / 약 450킬로미터 / 서울에서 / 부산까지

4 It is 8 o'clock now. (명암 / 시간 / 거리)   이다 / 8시 정각 / 지금

5 It is very cool in fall. (날씨 / 계절 / 요일)   이다 / 매우 시원한 / 가을에

A 밑줄 친 부분에 유의하여 문장을 우리말로 해석하세요.

★ 어휘 탄탄 ★

1 I<u>t</u> is a winter coat.

→ _____

c _____

2 I<u>t</u> is spring.

→ _____

3 I<u>t</u> is very hot in summer.

→ _____

h _____

4 I<u>t</u> is a hot pot.

→ _____

5 I<u>t</u> is dark in the living room.

→ _____

p _____

B 밑줄 친 부분 대신에 It을 써서 문장을 다시 쓰세요.

1 <u>Today</u> is Wednesday.

→ _____ today.

오늘은 수요일이다.

W _____

2 <u>The weather</u> is sunny.

→ _____

날씨가 화창하다.

3 <u>The time</u> is 6 o'clock.

→ _____

시간이 6시 정각이다.

s _____

4 <u>Today</u> is July 17th.

→ _____ today.

오늘은 7월 17일이다.

5 <u>Today</u> is my birthday.

→ _____ today.

오늘은 나의 생일이다.

J _____

A 주어진 단어를 이용하여 대화를 완성하세요.

> **Hint**
>
> **A: How is the weather in Japan?** 일본 날씨는 어떤가요?
> **B: It is very hot.** 매우 더워요.

1 A: What time is it now? 지금 몇 시예요?

 B: _____ 10시 10분이에요.

2 A: What's the date today? 오늘은 며칠인가요?

 B: _____ 3월 7일이에요.

3 A: How's the weather today? 오늘 날씨가 어떤가요?

 B: _____ 바람이 불어요.

4 A: How far is it from your house to the school? 당신의 집에서 학교까지 얼마나 멀어요?

 B: _____ 100미터예요.

5 A: What day is it today? 오늘은 무슨 요일이에요?

 B: _____ 토요일이에요.

B 주어진 단어를 알맞게 배열하세요.

1 날씨가 흐리다. (it, is, cloudy)

→ _____

2 오늘은 휴일이다. (is, a holiday, today, it)

→ _____

3 여기가 점점 밝아진다. (is getting, it, bright, here)

→ _____

4 오늘은 12월 31일이다. (December 31st, today, is, it)

→ _____

5 여기서 매우 멀다. (from here, very far, it, is)

→ _____

★ 어휘 탄탄 ★

c ....

h ....

D ....

A 주어진 단어와 it을 이용하여 문장을 완성하세요.

시간 / 요일

1 화요일이다.

→ _____

2 8시 20분이다.

→ _____

3 12시 정각이다.

→ _____

날짜 / 날씨

4 12월 1일이다.

→ _____

5 눈이 내린다.

→ _____

6 비가 내린다.

→ _____

계절 / 거리 / 명암

7 여름이다.

→ _____

8 200m 거리이다.

→ _____

9 어둡다.

→ _____

10 외부가 밝다.

→ _____

보기 1~3

12 o'clock

8:20

Tuesday

보기 4~6

snowy

December 1st

rainy

보기 7~10

dark

summer

bright outside

two hundred meters

A 문장에 들어갈 단어를 퍼즐에서 찾아 문장을 완성하세요.

1 He is _____ uncle. (I)

2 It is _____ cup. (you)

3 The key is in _____ hand. (he)

4 The dogs are _____ pets. (she)

5 The clothes are _____ uniforms. (they)

6 They are _____ parents. (we)

H	F	H	Q	R	X	E	R
I	R	I	O	Y	L	Q	E
T	T	S	U	H	E	R	H
H	V	S	Y	O	U	R	T
E	K	Y	Y	M	Y	G	K
I	P	S	C	S	I	H	E
R	U	C	O	U	R	M	V
R	M	R	P	U	Z	C	R

B 미로에서 알맞은 단어를 골라 문장을 완성하세요.

1 The bag is _____ . (I)

2 The cake is _____ . (she)

3 The balloons are _____ . (you)

4 The books are _____ . (they)

5 The pens are _____ . (we)

6 The car is _____ . (he)

→ A	B	M	I	N	E	E
T	H	E	I	R	S	F
L	Z	H	I	S	T	H
K	Y	O	X	B	U	E
J	X	A	Q	C	V	R
I	S	R	U	O	W	S
H	S	R	U	O	Y	G

Chapter
3

일반동사

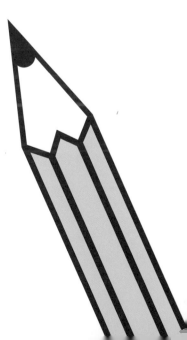

Unit 01 일반동사의 긍정문 (3인칭 단수 제외)

일반동사는 노래하다, 원하다, 배우다...
그럼 '나는 노래한다.'는 영어로 'I sing.'일까?

We are in the playground. → **We play in the playground.**

우리는 / 있다 / 놀이터에   우리는 / 논다 / 놀이터에서

일반동사의 긍정문: 「주어 + 일반동사」

be동사	am / are / is ~이다, ~에 있다
조동사	will ~할 것이다 can ~할 수 있다 should ~ 해야 한다 등
일반동사	have 가지다 like 좋아하다 come 오다 say 말하다 등

※ 일반동사: be동사와 조동사를 제외한 동사로, 주어의 다양한 동작이나 상태를 나타낸다.

Answers p.08

기.초.탄.탄

A 다음 중 알맞은 것을 고르세요.

1 You (are / go) on the first floor.   너는 / 있다 / 1층에

     You (are / go) first.   너는 / 간다 / 먼저

2 I (am / meet) in the room.   나는 / 있다 / 방에

     I (am / meet) my friends.   나는 / 만난다 / 나의 친구들을

3 They (are / play) board games.   그것들은 / 이다 / 보드게임들

     They (are / play) board games.   그들은 / 한다 / 보드게임을

4 We (are / come) in Korea.   우리는 / 있다 / 한국에

     We (are / come) to Korea.   우리는 / 온다 / 한국에

5 Mark and I (are / like) in the class.   Mark와 나는 / 있다 / 그 수업에

     Mark and I (are / like) the class.   Mark와 나는 / 좋아한다 / 그 수업을

A 주어진 단어를 이용하여 문장을 완성하세요.

1 You _____ a pretty cat.

너는 / 가지고 있다 / 예쁜 고양이를

2 We _____ the movie.

우리는 / 즐긴다 / 그 영화를

3 They _____ a picture on the wall.

그들은 / 그린다 / 그림을 / 벽에

4 I _____ in the city.

나는 / 산다 / 도시에서

5 You and I _____ tired easily.

너와 나는 / ~(해)진다 / 피곤한 / 쉽게

B 주어진 일반동사를 넣어 문장을 완성하고 해석하세요.

★ 어휘 탄탄 ★

1 I am Mr. Baker.   → I _____ Mr. Baker. (know)

나는 Baker 선생님이다.   나는 Baker 선생님을 _____.

2 You are my friend.   → You _____ my friend. (like)

너는 나의 친구이다.   너는 나의 친구를 _____.

3 They are my teachers.   → They _____ my teachers. (call)

그들은 나의 선생님들이다.   그들은 나의 선생님들을 _____.

4 We are in the cafe.   → We _____ in the cafe. (wait)

우리는 카페에 있다.   우리는 카페에서 _____.

5 My parents are writers.   → My parents _____ the writers. (hate)

나의 부모님은 작가이시다.   나의 부모님은 그 작가들을 _____.

t _____

c _____

w _____

실.력.탄.탄

A 주어진 단어를 이용하여 문장을 완성하세요.

1 Sally와 Jean은 방과 후에 교실을 청소한다. (clean, the classroom)

→ _____ after school.

2 그들은 천천히 그 강을 건넌다. (cross, the river)

→ _____ slowly.

r ....

3 너는 주방에서 설거지를 한다. (wash, the dishes)

→ _____ in the kitchen.

k ....

4 나는 운동장에서 공을 찬다. (kick, the ball)

→ _____ in the playground.

5 우리는 매주 할머니를 찾아뵌다. (visit, our grandmother)

→ _____ every week.

p ....

B 주어진 단어를 알맞게 배열하세요.

1 그들은 나의 부모님을 만난다. (meet, my parents, they)

→ _____

2 나는 집에 일찍 온다. (come, home, I, early)

→ _____

m ....

3 나의 이웃들은 매주 일요일에 교회에 간다. (neighbors, my, go to church, every Sunday)

→ _____

4 너는 시를 쓴다. (write, you, poems)

→ _____

w ....

5 우리는 그 병을 연다. (open, we, the bottle)

→ _____

b ....

영.작.탄.탄

A 주어진 단어를 이용하여 문장을 완성하세요.

> **I** **+** **play / fix / study**

보기 1~3

math

the guitar

her computer

1 나는 기타를 친다.

→ _____

2 나는 그녀의 컴퓨터를 고친다.

→ _____

3 나는 수학을 공부한다.

→ _____

> **you** **+** **speak / have**

보기 4~5

pretty eyes

English

4 너는 영어를 말한다.

→ _____

5 너는 예쁜 눈을 가졌다.

→ _____

> **we / they** **+** **watch / exercise / go / fly / love**

보기 6~10

shopping

the news

every day

my garden

high

6 우리는 뉴스를 본다.

→ _____

7 그들은 매일 운동한다.

→ _____

8 우리는 쇼핑하러 간다.

→ _____

9 그것들은 높이 난다.

→ _____

10 그들은 나의 정원을 좋아한다.

→ _____

Unit 02

일반동사의 3인칭 단수 현재형

3인칭 단수 주어는 he, she, it, Tom, Cindy...
그럼 '그가 노래하다.'는 영어로 he sing일까, he sings일까?

I :like: the toy.   →   She :likes: the toy.

나는 / 좋아한다 / 그 장난감을   그녀는 / 좋아한다 / 그 장난감을

3인칭 단수 주어(he, she, it) + 동사원형 + -(e)s

대부분의 동사	+ -s	open – opens sit – sits like – likes
o, x, s(s), sh, ch로 끝나는 동사	+ -es	go – goes fix – fixes cross -crosses wash – washes catch – catches
「자음+y」로 끝나는 동사	-y → -ies	study – studies try – tries worry – worries
「모음+y」로 끝나는 동사	+ -s	enjoy – enjoys play – plays
불규칙 동사	have – has	

※ 주어가 1, 2인칭 단·복수 주어(I, you, we)이거나 3인칭 복수(they 등)일 때 일반동사의 현재형은 **동사원형**과 같다.

Answers p.09

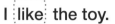

 기.초.탄.탄

A 다음 중 알맞은 것을 고르세요.

1 He (jump / jumps) ropes every day.   그는 / 한다 / 줄넘기를 / 매일

2 I (read / reads) two books a month.   나는 / 읽는다 / 두 권의 책들을 / 한 달에

3 Cindy (want / wants) some milk.   Cindy는 / 원한다 / 약간의 우유를

4 My parents always (cook / cooks) together.   나의 부모님은 / 항상 / 요리하신다 / 함께

5 The police officer (catch / catches) the thief.   그 경찰관은 / 잡는다 / 그 도둑을

기.본.탄.탄

A 주어진 동사를 주어에 맞게 바꿔 쓰세요.

s ....

1 She _____ at me. (smile)

그녀는 / 웃는다 / 나에게

2 Tom _____ the door. (kick)

Tom은 / 찬다 / 그 문을

k ....

3 Mrs. Lopez _____ oranges. (like)

Lopez 선생님은 / 좋아한다 / 오렌지를

d ....

4 He _____ on the bed. (jump)

그는 / 점프한다 / 침대에서

5 She _____ me to the party. (invite)

그녀는 / 초대한다 / 나를 / 파티에

B 밑줄 친 부분에 유의하여 문장을 완성하세요.

1 He _____ his work quickly. (finish)

그는 자신의 일을 빠르게 끝낸다.

f ....

2 The man _____ hard. (try)

그 남자는 열심히 노력한다.

3 The girl _____ the candy. (have)

그 소녀는 그 사탕을 갖고 있다.

c ....

4 She _____ the street. (cross)

그녀는 길을 건넌다.

5 My dad _____ the broken TV. (fix)

나의 아버지는 그 고장 난 TV를 고치신다.

c ....

실.력.탄.탄

A 주어진 단어로 시작하는 문장으로 바꿔 쓰세요.

> **I make a cake.** 나는 케이크를 만든다.
> → **He makes a cake.** (he) 그는 케이크를 만든다.
>
> Hint

1 I <u>run</u> to school. 나는 학교로 달려간다.

→ _____ (she)

2 We <u>buy</u> the tickets. 우리는 그 티켓을 산다.

→ _____ (my uncle)

3 They <u>worry</u> about the test. 그들은 그 시험에 대해 걱정한다.

→ _____ (my friend)

4 The boys <u>paint</u> the wall. 그 소년들은 벽을 칠한다.

→ _____ (the artist)

5 We <u>stay</u> home all day long. 우리는 하루 종일 집에 머무른다.

→ _____ (he)

B 주어진 단어를 알맞게 배열하세요.

1 그는 양치한다. (brushes, his teeth, he)

→ _____

2 나의 아버지는 운전해서 출근하신다. (to work, my dad, drives)

→ _____

3 그녀는 그 남자와 결혼한다. (marries, the man, she)

→ _____

4 Susan은 그 버스를 탄다. (the bus, catches, Susan)

→ _____

5 그 여배우는 거울을 본다. (in the mirror, looks, the actress)

→ _____

★ 어휘 탄탄 ★

t ....

w ....

w ....

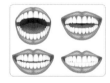

t ....

m ....

m ....

64

영.작.탄.탄

A 주어진 단어를 이용하여 문장을 완성하세요.

| 대부분의 동사 | **+** | -s |

1 그는 집을 짓는다. (build)

→ _____

2 그녀는 많은 오렌지들을 자른다. (cut)

→ _____

3 그것은 1시 정각에 시작한다. (start)

→ _____

| o, x, s(s), sh, ch로 끝나는 동사 | **+** | -es |

4 그 요리사는 채소를 섞는다. (the cook, mix)

→ _____

5 나의 어머니는 설거지를 하신다. (mom, wash)

→ _____

6 Ben은 그의 숙제를 한다. (do)

→ _____

7 우리 영어 선생님은 고국을 그리워하신다. (English teacher, miss)

→ _____

| y로 끝나는 동사 | **+** | -y → -es |

8 나의 개는 수영하는 것을 즐긴다. (enjoy)

→ _____

9 Patrick은 역사를 공부한다. (study)

→ _____

10 그 독수리는 하늘 높게 난다. (the eagle, fly)

→ _____

보기 1~3

many oranges

a house

at 1 o'clock

보기 4~7

the dishes

his homework

her country

vegetables

보기 8~10

history

high in the sky

swimming

Unit 03 일반동사의 부정문

be동사의 부정문을 만들 때 not을 붙인 것 기억나?
그럼 일반동사 뒤에도 not을 붙이면 될까?

I take the bus. → I do not take the bus. → I don't take the bus.

나는 / 탄다 / 버스를   나는 / 타지 않는다 / 버스를

He takes the bus. → He does not take the bus. → He doesn't take the bus.

그는 / 탄다 / 그 버스를   그는 / 타지 않는다 / 버스를

일반동사 현재형의 부정문: 「주어 + don't / doesn't + 동사원형」

I, we, you, they 등	do not[don't] + 동사원형
she, he, it 등	does not[doesn't] + 동사원형

※ 여기서 나오는 do는 조동사로서 일반동사의 부정문에 반드시 필요하고 '～ 하다'의 뜻을 가진 일반동사와는 다르게 쓰인다.

Answers p.10

기.초.탄.탄

A 다음 중 알맞은 것을 고르세요.

1 I (do not / does not) like strawberry ice cream.

나는 / 좋아하지 않는다 / 딸기 아이스크림을

2 He (do not / does not) live in China.

그는 / 살지 않는다 / 중국에

3 We (do not / does not) have any money.

우리는 / 가지고 있지 않다 / 어떤 돈도

4 She (do not / does not) listen to the radio.

그녀는 / 듣지 않는다 / 라디오를

5 My brother (do not / does not) wear the sweater.

나의 남동생은 / 입지 않는다 / 그 스웨터를

66

A 밑줄 친 부분에 유의하여 문장을 완성하세요.

1 I <u>fall</u> in love with her. → I _____ _____ fall in love with her.

나는 / 빠진다 / 사랑에 / 그녀와　　　　나는 / 빠지지 않는다 / 사랑에 / 그녀와

c ....

2 The kid <u>runs</u> fast. → The kid _____ _____ run fast.

그 아이는 / 달린다 / 빨리　　　　그 아이는 / 달리지 않는다 / 빨리

3 The cheese <u>smells</u> so bad. → The cheese _____ _____ smell so bad.

그 치즈는 / 냄새가 난다 / 매우 나쁜　　　그 치즈는 / 냄새가 나지 않는다 / 매우 나쁜

s ....

4 We <u>try</u> our best. → We _____ _____ try our best.

우리는 / 한다 / 최선을　　　　우리는 / 하지 않는다 / 최선을

5 The exam <u>begins</u> soon. → The exam _____ _____ begin soon.

그 시험은 / 시작한다 / 곧　　　　그 시험은 / 시작하지 않는다 / 곧

e ....

B 우리말과 같은 뜻이 되도록 알맞은 말을 쓰세요. (단, 축약형으로 쓰세요.)

1 I _____ drive a car.

나는 차를 운전하지 않는다.

d ....

2 He _____ take the train in the morning.

그는 아침에 그 기차를 타지 않는다.

3 The waiter _____ speak English.

그 웨이터는 영어를 하지 않는다.

w ....

4 Jessie and Jim _____ understand me.

Jessie와 Jim은 나를 이해하지 못한다.

5 She _____ swim in the pool.

그녀는 수영장에서 수영하지 않는다.

s ....

 **실.력.탄.탄**

 **★ 어휘 탄탄 ★**

A 주어진 문장을 부정문으로 바꾸세요. (단, 축약형은 쓰지 마세요.)

> *Hint*
>
> **They play volleyball.** → **They do not play volleyball.**
> 그들은 배구를 한다.   그들은 배구를 하지 않는다.

1 I go on a picnic. → _____

나는 소풍을 간다.   나는 소풍을 가지 않는다.

p _____

2 She does her homework alone. → _____

그녀는 혼자 자신의 숙제를 한다.   그녀는 혼자 자신의 숙제를 하지 않는다.

b _____

3 The boy sits on the bench. → _____

그 소년은 벤치에 앉는다.   그 소년은 벤치에 앉지 않는다.

4 They shout at the dog. → _____

그들은 그 개에게 소리친다.   그들은 그 개에게 소리치지 않는다.

s _____

5 He works today. → _____

그는 오늘 일한다.   그는 오늘 일하지 않는다.

B 주어진 단어를 알맞게 배열하세요.

1 그는 쉬지 않는다. (doesn't, a rest, take, he)

→ _____

2 그녀는 고기를 먹지 않는다. (eat, meat, she, doesn't)

→ _____

r _____

3 그들은 그녀의 반지를 숨기지 않는다. (hide, don't, her ring, they)

→ _____

4 우리는 프랑스어를 하지 못한다. (we, French, speak, don't)

→ _____

m _____

5 그 학생은 학교에 걸어가지 않는다. (walk, doesn't, to school, the student)

→ _____

h _____

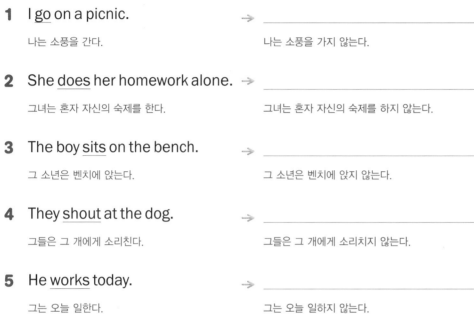

A 주어진 단어를 이용하여 우리말에 맞게 문장을 쓰세요.

I / you + do not

1 나는 그것을 모른다.

→ _____

2 너는 좋아 보이지 않는다.

→ _____

3 나는 체육관에 가지 않는다.

→ _____

we / they / Mike and Julie + do not

4 우리는 영화를 보지 않는다.

→ _____

5 그들은 라디오를 듣지 않는다.

→ _____

6 Mike와 Julie는 주스를 마시지 않는다.

→ _____

he / she / it + does not

7 그는 매일 운동하지 않는다.

→ _____

8 그녀는 우산을 가지고 있지 않다.

→ _____

9 그것은 빨리 움직이지 않는다.

→ _____

10 그는 전혀 잠을 자지 않는다.

→ _____

Unit 04

일반동사의 의문문

be동사의 의문문은 'Be동사 + 주어 ~?'인 것 알지?
그럼 일반동사의 의문문도 '일반동사 + 주어 ~?'일까?
아니면 Do나 Does가 생겨날까?

You like books.   →   Do you like books?

너는 / 좋아하다 / 책들을   너는 좋아하니 / 책들을

She likes books.   →   Does she like books?

그녀는 / 좋아하다 / 책들을   그녀는 좋아하니 / 책들을

일반동사 현재형의 의문문: 「Do / Does + 주어 + 동사원형 ~ ?」

일반동사의 의문문			긍정의 대답	부정의 대답
Do	I 나 / we 우리 / they 그들	stay here?	Yes, you / they **do**.	No, you / they **don't**.
	you 너, 너희들		Yes, I / we **do**.	No, I / we **don't**.
Does	he 그 / she 그녀 / it 그것		Yes, he / she / it **does**.	No, he / she / it **doesn't**.

※ 일반동사의 의문문은 부정문과 마찬가지로 조동사 **do / does**를 사용한다.

Answers p.10

기.초.탄.탄

A 다음 중 알맞은 것을 고르세요.

1 (Do / Does) I look OK?   제가 / 보이나요? / 괜찮아

2 (Do / Does) you like vegetables?   너는 / 좋아하니? 채소를

3 (Do / Does) Mary cry often?   Mary가 / 우나요? / 자주

4 (Do / Does) they remember me?   그들이 / 기억하나요? / 나를

5 (Do / Does) she love you?   그녀가 / 사랑하니? / 너를

기.본.탄.탄

A 주어진 문장을 의문문으로 바꾸세요.

1 They <u>take</u> the class. → _____ they _____ the class?

그들은 / 듣는다 / 그 수업을 ⠀⠀⠀⠀⠀⠀⠀그들은 / 듣나요? / 그 수업을

c ....

2 The boy <u>brushes</u> his teeth. → _____ the boy _____ his teeth?

그 소년은 / 닦는다 / 자신의 이를 ⠀⠀⠀⠀그 소년은 / 닦나요? / 자신의 이를

l ....

3 She <u>cooks</u> lunch. → _____ she _____ lunch?

그녀는 / 요리한다 / 점심을 ⠀⠀⠀⠀⠀⠀그녀가 / 요리하나요? / 점심을

4 You <u>speak</u> Chinese. → _____ you _____ Chinese?

너는 / 말한다 / 중국어를 ⠀⠀⠀⠀⠀⠀⠀너는 / 말하니? / 중국어를

C ....

5 We <u>listen</u> to the music. → _____ we _____ to the music?

우리는 / 듣는다 / 그 음악을 ⠀⠀⠀⠀⠀⠀우리가 / 듣나요? / 그 음악을

B 밑줄 친 부분에 유의하여 우리말에 맞게 대화를 완성하세요.

1 A: _____ it rain a lot in summer? 여름에 비가 많이 오니?

B: No, _____ _____ . 아니, 그렇지 않아.

s ....

2 A: _____ <u>you</u> need a pen? 너는 펜이 필요하니?

B: No, _____ _____ . 아니, 그렇지 않아.

3 A: _____ <u>she</u> wash the dishes? 그녀는 설거지를 하니?

B: Yes, _____ _____ . 응, 그녀는 그래.

d ....

4 A: _____ <u>you</u> get up at 8? 너희들은 8시에 일어나니?

B: Yes, _____ _____ . 응, 우리는 그래.

5 A: _____ <u>he</u> take a test? 그는 시험을 보니?

B: Yes, _____ _____ . 응, 그는 그래.

g ....

실.력.탄.탄

A 주어진 문장을 의문문으로 바꾸세요. (단, 주어는 바꾸지 마세요.)

1 She wears glasses. 그녀는 안경을 쓴다.

→ _____

2 He sleeps all day long. 그는 하루 종일 잠을 잔다.

→ _____

3 Tom and Jim eat Japanese food. Tom과 Jim은 일본 음식을 먹는다.

→ _____

4 You sing well. 너는 노래를 잘한다.

→ _____

5 My friend laughs out loud. 나의 친구는 크게 웃는다.

→ _____

B 주어진 단어를 알맞게 배열하세요.

1 그녀는 오후에 커피를 마시니? (drink coffee, in the afternoon, she, does)

→ _____

2 그들은 쿠키를 파니? (sell, they, do, cookies)

→ _____

3 너는 매일 운동하니? (exercise, every day, do, you)

→ _____

4 그는 식물에 물을 주나요? (water, he, does, the plants)

→ _____

5 James는 많은 책을 읽나요? (many books, does, read, James)

→ _____

g

J

s

e

w

p

영.작.탄.탄

A 우리말에 맞게 주어진 단어를 이용하여 문장을 완성하세요.

| Do | + | I / you | ~? |

1 내가 당신을 아나요?

→ _____

2 너는 시간 있니?

→ _____

3 너는 오렌지를 좋아하니?

→ _____

보기 1~3

have time

like oranges

know you

| Does | + | he / she / it | ~? |

4 그는 혼자 사나요?

→ _____

5 그녀가 집에 일찍 오나요?

→ _____

6 그것은 빨리 움직이나요?

→ _____

7 그는 많은 문제를 가지고 있나요?

→ _____

보기 4~7

come home early

have many problems

live alone

move fast

| Do | + | we / they | ~? |

8 우리가 그 티켓이 필요한가요?

→ _____

9 그들은 열심히 공부하나요?

→ _____

10 그들은 낚시하러 가나요?

→ _____

보기 8~10

go fishing

need the tickets

study hard

응.용.탄.탄

A 다음 그림에 알맞은 낱말을 퍼즐에 써 넣고, 문장을 완성하세요.

[Crossword puzzle grid with numbered cells: ¹R, ²J, ³P, ⁴S, ⁵G, ⁷W, ⁶S, ⁸E]

Down ↓

1 He _____ s to school. (달리다)

3 She _____ es the door. (밀다)

5 Diane _____ es home. (가다)

6 A cat _____ s a mouse. (보다)

7 People _____ for the bus. (기다리다)

Across →

2 A child _____ s on the bed. (뛰다)

4 The bird _____ s happily. (노래한다)

7 A little girl _____ es her hands. (씻다)

8 The students _____ lunch. (먹다)

B 미로에서 알맞은 단어를 골라 문장을 완성하세요.

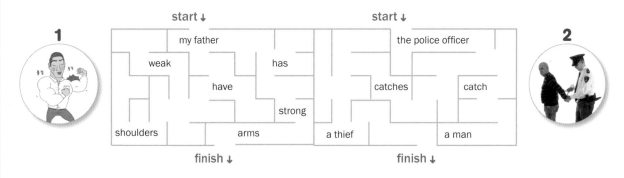

1 _____

2 _____

74

Chapter

4

명사

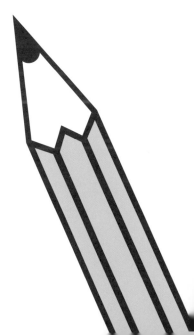

Unit 01

셀 수 있는 명사

하나, 둘, 셋, 넷... 셀 수 있는 명사에는 무엇이 있을까?
사과, 바나나, 공, 책상, 강아지...

I have an apple.   →   **I have two apples.**

나는 / 가지고 있다 / 한 개의 사과를   나는 / 가지고 있다 / 두 개의 사과들을

셀 수 있는 명사의 규칙 변화와 불규칙 변화

규칙 변화	대부분의 명사	+ -s	girl – girls	pen – pens	friend – friends
	s, x, sh, ch로 끝나는 명사	+ -es	bus – buses	box – boxes	brush – brushes
	「자음 + y」로 끝나는 명사	-y → -ies	city – cities	party – parties	hobby – hobbies
	「모음 + y」로 끝나는 명사	+ -s	day – days	toy – toys	monkey – monkeys
	「모음 + o」로 끝나는 명사		zoo – zoos	radio – radios	kangaroo – kangaroos
	「자음 + o」로 끝나는 명사	+ -es	potato – potatoes (예외) photo – photos		tomato – tomatoes piano – pianos
	f(e)로 끝나는 명사	-f(e) → -ves	leaf – leaves knife – knives wolf – wolves wife – wives		life – lives (예외) roof – roofs
불규칙 변화			foot – feet goose – geese tooth – teeth mouse – mice person – people man – men woman – women child – children sheep – sheep deer – deer fish – fish		

※ 모음은 a, e, i, o, u를 말하며, 자음은 b, c, d, f...처럼 5개의 모음을 제외한 나머지를 말한다.

Answers p.11

기.초.탄.탄

A   주어진 단어를 복수형으로 바꾸세요.

1 apple →_____
사과   사과들

2 egg →_____
달걀   달걀들

3 bus →_____
버스   버스들

4 party →_____
파티   파티들

5 day →_____
날   날들

6 leaf →_____
나뭇잎   나뭇잎들

7 tomato →_____
토마토   토마토들

8 wife →_____
아내   아내들

9 ostrich →_____
타조   타조들

A 주어진 단어를 복수형으로 바꿔 문장을 완성하세요.

★ 어휘 탄탄 ★

1 The _____ fall from the sky. (star)

그 별들은 / 떨어진다 / 하늘에서

2 The two young _____ eat at the restaurant. (lady)

그 두 젊은 아가씨들은 / 먹는다 / 그 식당에서

f ·······················

3 Four _____ are on the table. (box)

4개의 상자들이 / 있다 / 그 테이블 위에

4 The big _____ climb the tree. (bug)

그 큰 벌레들은 / 기어오른다 / 그 나무를

r ·······················

5 The _____ are in the refrigerator. (potato)

그 감자들은 / 있다 / 그 냉장고에

b ·······················

B 주어진 단어를 복수형으로 바꿔 문장을 완성하세요. (단, 불규칙 변화에 유의하세요.)

1 The _____ look at the five _____ in the field. (girl, sheep)

그 소녀들은 들판에 있는 다섯 마리의 양들을 본다.

2 The _____ follow the two _____ in the pond. (duck, goose)

그 오리들은 연못에서 그 두 마리 거위들을 따라간다.

f ·······················

3 The _____ help so many sick _____ in the hospital.
(nurse, person)

그 간호사들은 병원에서 매우 많은 아픈 사람들을 돕는다.

4 The _____ pull out the two front _____. (doctor, tooth)

그 의사들은 앞니 두 개를 뽑는다.

p ·······················

5 The _____ catch the four _____ on the top of the
mountain. (farmer, wolf)

그 농부들은 산꼭대기에서 네 마리의 늑대들을 잡는다.

p ·······················

실.력.탄.탄

A 밑줄 친 명사를 복수형으로 바꾸고, 명사에 맞게 동사를 바꾸어 문장을 완성하세요.

> **The man is very busy.** 그 남자는 매우 바쁘다.
> → **The men are very busy.** 그 남자들은 매우 바쁘다.

1 The knife is very sharp. 그 칼은 매우 날카롭다.

→ _____

2 The baby lies on the bed. 그 아기는 침대에 눕는다.

→ _____

3 The dish is clean now. 그 접시는 이제 깨끗하다.

→ _____

4 The fish swims in the river. 그 물고기는 강에서 헤엄친다.

→ _____

5 My foot is large. 나의 발은 크다.

→ _____

k ....

s ....

l ....

B 주어진 단어를 알맞게 배열하세요.

1 나는 두 명의 아이들을 돌본다. (take care of, I, two children)

→ _____

2 그 남자들은 그 여자들과 함께 춤춘다. (dance with, the men, the women)

→ _____

3 Mary는 사슴들을 그녀의 농장에서 키운다. (has, Mary, on her farm, deer)

→ _____

4 나의 친구들은 나비들과 함께 논다. (play, my friends, with, butterflies)

→ _____

5 그녀는 그녀의 청바지를 입는다. (wears, she, jeans, her)

→ _____

d ....

d ....

f ....

영.작.탄.탄

A 주어진 단어를 이용하여 문장을 완성하세요. (단, 명사의 복수형으로 쓰세요.)

---

girl, brush / baker, cookie / hunter, fox / student, bus

보기 1~4

catch

make

have

ride

1 그 여자아이들은 솔빗들을 가지고 있다.

→ _____

2 제빵사들은 쿠키들을 만든다.

→ _____

3 사냥꾼들은 여우들을 잡는다.

→ _____

4 학생들은 버스들을 탄다.

→ _____

---

monkey, zoo / my baby, tomato

보기 5~6

like

live in

5 원숭이들은 동물원에서 산다.

→ _____

6 나의 아이들은 토마토들을 좋아한다.

→ _____

---

giraffe, leaf / person, sheep / woman, mouse / goose, tooth

보기 7~10

don't have

hate

eat

raise

7 기린들은 나뭇잎들을 먹는다.

→ _____

8 그 사람들은 양들을 기른다.

→ _____

9 그 여자들은 쥐들을 싫어한다.

→ _____

10 거위들은 이빨들이 없다.

→ _____

Unit 02 셀 수 없는 명사

형태가 없는 물이 많은 경우,
그냥 **water**일까, 아니면 **waters**일까?

I need lots of :apples: . → **I need lots of** :water: .

나는 / 필요하다 / 많은 / 사과들이   나는 / 필요하다 / 많은 / 물이

셀 수 없는 명사의 종류

물질 명사	나누어 셀 수 없는 물질	air, milk, salt, juice, sugar, paper, water, money, homework, furniture
추상 명사	눈에 보이지 않는 추상적인 개념	love, friendship, peace, hope, happiness
고유 명사	사람, 장소, 사물 등의 고유한 이름	Minho, July, Korea, Sunday, Seoul

※ 셀 수 없는 명사는 **단수형**으로 쓰고, **단수 취급**하며 a(n)를 명사 앞에 쓸 수 없다.

Answers p.12

기.초.탄.탄

A 다음 중 알맞은 것을 고르세요.

1 I need some fresh (air / airs).   나는 / 필요하다 / 약간의 / 신선한 공기

2 He passes me the (salt / salts).   그는 / 건넨다 / 나에게 / 소금을

3 We have a lot of (homework / homeworks) today.   우리는 / 가지고 있다 / 많은 / 숙제를 / 오늘

4 They drink a lot of (juice / juices).   그들은 / 마신다 / 많은 / 주스를

5 My sister cooks a lot of (meat / meats).   나의 여동생은 / 요리한다 / 많은 양의 / 고기를

A 보기에서 알맞은 단어를 골라 문장을 완성하세요.

1 They study _____ hard.

그들은 / 공부한다 / 수학을 / 열심히

2 The bear likes _____.

그 곰은 / 좋아한다 / 꿀을

3 The girl cuts some _____ for me.

그 소녀는 / 자른다 / 약간의 / 빵을 / 나를 위해

4 We look for true _____.

우리는 / 찾는다 / 진정한 / 행복을

5 The cook needs more _____.

그 요리사는 / 필요하다 / 더 많은 / 설탕이

보기
bread
happiness
honey
math
sugar

B 밑줄 친 주어에 유의하여 알맞은 be동사를 쓰세요.

1 Many <u>beans</u> _____ on the plate.

많은 콩들이 접시 위에 있다.

2 A lot of <u>water</u> _____ on the floor.

많은 물이 바닥에 있다.

3 A little <u>money</u> _____ in the piggy bank.

약간의 돈이 돼지 저금통에 있다.

4 The two <u>friends</u> _____ in the park.

그 두 명의 친구들은 공원에 있다.

5 The cooking <u>oil</u> _____ too hot.

그 요리용 기름은 매우 뜨겁다.

★ 어휘 탄탄 ★

b

p

p

실.력.탄.탄

A 문장에서 틀린 부분을 수정하여 다시 쓰세요.

> Hint
>
> The winds is very strong. 바람이 매우 강하다.
> → **The wind is very strong.**

어휘 탄탄

1 The snows falls on the top of the mountain. 눈이 산꼭대기로 떨어진다.

→ _____

f ....

2 A lot of flours is in the plastic bag. 많은 밀가루가 비닐봉지 안에 있다.

→ _____

p ....

3 The soups smells so good. 그 수프는 매우 좋은 냄새가 난다.

→ _____

f ....

4 Minho has some moneys. 민호는 약간의 돈을 가지고 있다.

→ _____

5 The furnitures is in the living room. 가구가 거실에 있다.

→ _____

B 주어진 단어를 알맞게 배열하세요.

1 나는 돈이 많지 않다. (have, money, don't, much, I)

→ _____

c ....

2 낙타들은 물을 많이 마신다. (drink, camels, water, lots of)

→ _____

d ....

3 약간의 빵이 바구니 안에 있다. (is, a little, bread, in the basket)

→ _____

f ....

4 우정은 나에게 매우 중요하다. (to me, is, very important, friendship)

→ _____

5 많은 사람들은 12월에 플로리다주를 방문한다. (visit, many people, in December, Florida)

→ _____

A 주어진 단어를 이용하여 문장을 완성하세요.

보기 1~4

milk

peace

homework

soccer

1 나는 숙제가 많다. (have, a lot of)

→ _____

2 우리는 주말에 축구를 한다. (play, on weekends)

→ _____

3 너는 우유를 많이 마신다. (drink, a lot of)

→ _____

4 그들은 한국에서의 평화를 원한다. (want, in Korea)

→ _____

보기 5~8

butter

paper

advice

love

5 그는 많은 종이를 판다. (sells, lots of)

→ _____

6 Jane은 약간의 버터를 산다. (buys, some)

→ _____

7 그녀는 사랑을 모른다. (doesn't know)

→ _____

8 그는 나에게 많은 조언을 한다. (gives me, lots of)

→ _____

보기 9~10

wood

tea

9 우리 누나와 나는 부모님을 위해 차를 만든다. (make, for our parents)

→ _____

10 그들은 난로에 장작을 넣는다. (put, into the stove)

→ _____

Unit 03

셀 수 없는 명사를 셀 때

'설탕, 물, 사랑'처럼 형태가 없는 명사를
셀 수 있는 방법은 없을까?

coffee → a cup of coffee → two cups of coffee

커피   한 잔의 커피   두 잔의 커피

뜻	단위	셀 수 없는 명사	뜻	단위	셀 수 없는 명사
한 잔의 (따뜻한 음료)	a cup of two cups of	coffee, tea	한 자루의	a bag of two bags of	rice
한 잔의 (차가운 음료)	a glass of two glasses of	water, milk, juice, Coke	한 덩어리의	a loaf of two loaves of	bread
한 조각의	a piece of two pieces of	cake, bread, paper	한 통의	a tube of two tubes of	tooth paste
한 조각의 (얇은)	a slice of two slices of	pizza, cheese, toast	한 장의	a sheet of two sheets of	paper
한 병의	a bottle of two bottles of	water, juice, milk, shampoo	한 캔의	a can of two cans of	Coke, corn
1파운드의	a pound of two pounds of	butter, sugar, flour	한 그릇의	a bowl of two bowls of	soup, cereal

※ 셀 수 없는 명사는 단위나 용기를 이용하여 양을 나타낸다.

Answers p.13

 기.초.탄.탄

A 밑줄 친 부분에 유의하여 알맞은 것을 고르세요.

1 I drink <u>a</u> (glass / glasses) of milk every morning.

나는 / 마신다 / 한 잔의 / 우유를 / 매일 아침에

2 He eats <u>three</u> (slice / slices) of pizza.

그는 / 먹는다 / 세 조각의 / 피자를

3 She gives us <u>a</u> (cup / cups) of tea.

그녀는 / 준다 / 우리에게 / 한 잔의 / 차를

4 My mother bakes <u>three</u> (loaf / loaves) of bread.

나의 엄마는 / 굽는다 / 세 덩어리의 / 빵을

5 They buy <u>ten</u> (can / cans) of Coke.

그들은 / 산다 / 열 캔의 / 콜라를

84

기.본.탄.탄

A 밑줄 친 부분에 유의하여 문장을 완성하세요.

1 He has three ______________ of cereal for breakfast. (bowl)
그는 / 먹는다 / 세 그릇의 / 시리얼을 / 아침식사로

2 Sam pays for two ______________ of flour. (pound)
Sam은 / (값을) 지불한다 / 2파운드의 / 밀가루

3 The lady wants six ______________ of cake. (piece)
그 여자는 / 원한다 / 여섯 조각의 / 케이크를

4 I sell five ______________ of corn at the market. (can)
나는 / 판다 / 다섯 캔의 / 옥수수를 / 시장에서

5 She puts two ______________ of cheese on the bread. (slice)
그녀는 / 놓는다 / 두 장의 / 치즈를 / 빵 위에

★ 어휘 탄탄 ★

c..............................

f..............................

m..............................

B 밑줄 친 부분에 유의하여 문장을 완성하세요.

1 They choose ______ ______________ ______ shampoo.
그들은 한 병의 샴푸를 고른다.

2 The woman borrows ______ ______________ ______ rice.
그 여자는 한 자루의 쌀을 빌린다.

3 The hungry boy hides ______ ______________ ______ bread in his bag.
그 배고픈 소년은 그의 가방에 한 조각의 빵을 숨긴다.

4 She makes ______ ______________ ______ coffee for the passenger.
그녀는 그 승객을 위해 한 컵의 커피를 만든다.

5 He eats ______ ______________ ______ pizza for lunch.
그는 점심으로 피자 한 조각을 먹는다.

보기

bag
loaf
piece
bottle
cup

실.력.탄.탄

A 보기에 주어진 단어와 숫자를 이용하여 문장을 완성하세요.

> **Hint**
> **I give him two pieces of cake.** (2) 나는 그에게 두 조각의 케이크를 준다.

보기

glass

pound

tube

sheet

bottle

1 Our teacher needs _____ paper. (9)

우리 선생님은 아홉 장의 종이가 필요하시다.

2 I use _____ toothpaste a month. (1)

나는 한 달에 한 통의 치약을 쓴다.

3 My dad wants _____ orange juice. (2)

나의 아버지는 두 잔의 오렌지주스를 원하신다.

4 They get _____ butter. (8)

그들은 8파운드의 버터를 얻는다.

5 We have _____ milk on the table. (7)

우리는 탁자 위에 일곱 병의 우유를 가지고 있다.

B 주어진 단어를 알맞게 배열하세요.

★ 어휘 탄탄 ★

1 그는 가게에서 세 병의 물을 산다. (buys, at the store, water, he, three bottles of)

→ _____

s
....

2 나는 상자에 열 덩어리의 빵을 넣는다. (put, I, bread, in the box, ten, loaves of)

→ _____

3 그들은 점심으로 두 그릇의 쌀밥을 먹는다. (eat, for lunch, they, rice, two bowls of)

→ _____

r
....

4 그 요리사는 네 장의 햄을 가지고 있다. (has, the cook, ham, four slices of)

→ _____

5 우리는 저녁 식사 후에 다섯 조각의 케이크 먹는다. (eat, we, cake, after dinner, five pieces of)

→ _____

h
....

영.작.탄.탄

A 주어진 단어를 이용하여 문장을 완성하세요.

| loaf / bag / piece | **+** | bread / rice / pizza |

보기 1~3

in the basket

on the plate

in the room

1 두 덩어리의 빵이 바구니에 있다.

→ There are _____ .

2 한 자루의 쌀이 방 안에 있다.

→ There is _____ .

3 다섯 조각의 피자가 접시 위에 있다.

→ There are _____ .

| bottle / glass / cup | **+** | shampoo / kiwi juice / coffee |

보기 4~6

in the car

in the bathroom

in the refrigerator

4 세 병의 샴푸가 욕실에 있다.

→ There are _____ .

5 네 잔의 키위 주스가 냉장고 안에 있다.

→ There are _____ .

6 한 잔의 커피가 자동차 안에 있다.

→ There is _____ .

| can / pound / sheet / bowl | **+** | corn / rice flour / paper / soup |

보기 7~10

in the kitchen

in the printer

on the table

in the drawer

7 일곱 캔의 옥수수가 서랍 안에 있다.

→ There are _____ .

8 6파운드의 쌀가루가 주방에 있다.

→ There are _____ .

9 두 장의 종이가 프린터 안에 있다.

→ There are _____ .

10 세 그릇의 수프가 탁자 위에 있다.

→ There are _____ .

A 코드표를 보고 알맞은 단어를 찾아 문장을 완성하세요.

■	□	▣	▤	▥	▦	▧	▨	▩	▲	△	▶	▼
A	B	C	D	E	F	G	H	I	J	K	L	M
▽	◆	◇	◈	○	◎	●	◑	◐	★	♠	♣	♡
N	O	P	Q	R	S	T	U	V	W	X	Y	Z

1 He drinks two ▧▶■◎◎▥◎ of ▲◑▩▣■▥ every day.

→ _____

2 She eats a ▶◆■▦ of □○▥■▤ every morning.

→ _____

3 We buy three ▣■▽○◎ of ▣◆△▥.

→ _____

B 그림에 맞는 숨겨진 단어를 미로에서 찾아, 셀 수 있는 명사와 셀 수 없는 명사로 나눠 쓰세요.

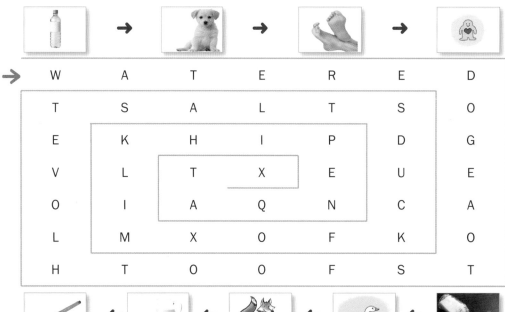

W	A	T	E	R	E	D
T	S	A	L	T	S	O
E	K	H	I	P	D	G
V	L	T	X	E	U	E
O	I	A	Q	N	C	A
L	M	X	O	F	K	O
H	T	O	O	F	S	T

셀 수 있는 명사   셀 수 없는 명사

_____   _____

Chapter

5

관사와 한정사

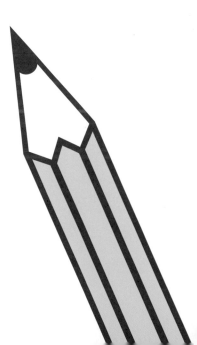

Unit 01 부정관사 a / an

셀 수 있는 명사가 하나일 때 a나 an을 앞에 써야 하는데
그럼 '하나의 오렌지'는 a orange일까, an orange일까?

It is book. → It is apple.

그것은 / 이다 / 책   그것은 / 이다 / 사과

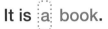 a/an을 쓰지 못하는 경우는 언제인가요?

1. 복수 명사 앞   2. 셀 수 없는 명사 앞
3. 고유 명사 앞   4. 소유격 앞

부정관사(a / an)의 뜻

뜻	예문
특정한 물건이 아닌, 막연한 하나	Do you have **a** pen? 너는 펜이 있니?
하나의(= one)	I have **a** computer 나는 컴퓨터 한 대를 가지고 있다.
매 ~, ~ 마다(per, every)	We exercise three times **a** week. 우리는 1주일에 3번씩 운동한다.

※ a + 첫 발음이 <u>자음</u>인 단어: a <u>s</u>tudent, a <u>y</u>ear, a <u>w</u>eek, a <u>u</u>niform
※ an + 첫 발음이 <u>모음</u>(a, e, i, o, u)인 단어: an <u>a</u>pple, an <u>u</u>mbrella, an <u>h</u>our[aur], an <u>M</u>P3[empi:θri:] file

Answers p.14

기.초.탄.탄

A 다음 중 알맞은 것을 고르세요. (단, 관사가 필요 없을 경우 X를 고르세요.)

1 I have (a / an / X) <u>lemon</u>.

나는 / 가지고 있다 / 레몬 하나를

2 That is (a / an / X) <u>elephant</u>.

저것은 / 이다 / 한 마리의 코끼리

3 This is (a / an / X) <u>present</u>.

이것은 / 이다 / 선물

4 They are (a / an / X) <u>teeth</u>.

그것들은 / 이다 / 치아들

5 The flower needs (a / an / X) <u>water</u>.

그 꽃은 / 필요로 하다 / 물을

6 It is (a / an / X) <u>address</u>.

그것은 / 이다 / 주소

7 Tom has (a / an / X) <u>my</u> book.

Tom은 / 가지고 있다 / 나의 책을

8 This is (a / an / X) <u>John</u>.

이분은 / 이다 / John

90

기.본.탄.탄

A 밑줄 친 부분에 유의하여 우리말에 맞게 문장을 완성하세요.

1 The fish swims with _____ octopus.

그 물고기는 / 헤엄친다 / 함께 / 문어 한 마리와

o ....

2 They need _____ lamp.

그들은 / 필요하다 / 전등 하나가

l ....

3 My teacher has _____ monkey.

나의 선생님은 / 가지고 있다 / 원숭이 한 마리를

4 The zoo keeper feeds _____ iguana.

그 동물원 사육사는 / 먹이를 준다 / 이구아나 한 마리에게

z ....

5 The cook wants _____ onion.

그 요리사는 / 원한다 / 하나의 양파를

B 우리말에 맞게 문장을 완성하세요. (단, 빈칸 다음 단어의 <u>첫 발음</u>에 주의하세요.)

1 He wears _____ uniform at work. 그는 직장에서 유니폼을 입는다.

He borrows _____ umbrella. 그는 우산 하나를 빌린다.

b ....

2 This folder has _____ MP3 file. 이 폴더는 MP3 파일이 하나 있다.

My mom catches _____ mosquito. 나의 엄마는 모기 한 마리를 잡으신다.

m ....

3 They have lunch for _____ hour. 그들은 한 시간 동안 점심을 먹는다.

The student draws _____ horse. 그 학생은 말 한 마리를 그린다.

4 Tim becomes _____ university student. Tim은 대학생이 된다.

Thomas has _____ uncle in Japan. Thomas는 일본에 사는 삼촌이 한 분 있다.

u ....

5 I always get _____ F in science. 나는 항상 과학에서 F 학점을 받는다.

It looks like _____ frog. 그것은 개구리처럼 보인다.

A 우리말에 맞게 주어진 단어를 이용하여 문장을 완성하세요.

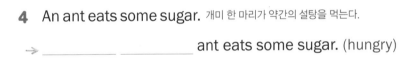

A man calls me from behind. 한 남자가 뒤에서 나를 부른다.
→ **An old** man calls me from behind. (old) 한 나이든 남자가 뒤에서 나를 부른다.

1 A duck swims in the pond. 오리 한 마리가 연못에서 수영한다.

→ _____ _____ duck swims in the pond. (ugly)

못생긴 오리 한 마리가 연못에서 수영한다.

2 A watch is on the desk. 손목시계 하나가 책상 위에 있다.

→ _____ _____ watch is on the desk. (expensive)

비싼 손목시계 하나가 책상 위에 있다.

3 A box is in the room. 상자 하나가 방 안에 있다.

→ _____ _____ box is in the room. (empty)

빈 상자 하나가 방 안에 있다.

4 An ant eats some sugar. 개미 한 마리가 약간의 설탕을 먹는다.

→ _____ _____ ant eats some sugar. (hungry)

배고픈 개미 한 마리가 약간의 설탕을 먹는다.

B 주어진 단어를 알맞게 배열하세요.

1 나는 하루에 세 번 이를 닦는다. (brush my teeth, three times, I, a day)

→ _____

2 그는 정직한 남자이다. (is, an, he, man, honest)

→ _____

3 그녀는 매일 한 시간 산책한다. (takes a walk, she, every day, for an hour)

→ _____

4 그들은 엘리베이터 안에 있다. (are, in, they, an, elevator)

→ _____

5 비행기 한 대가 10시에 도착한다. (arrives, an, at 10, airplane)

→ _____

e ....

w ....

e ....

h ....

h ....

e ....

영.작.탄.탄

A 주어진 단어를 이용하여 문장을 완성하세요.

★ 어휘 탄탄 ★

a ＋ 셀 수 있는 명사

1 그녀는 매일 아침 택시를 탄다. (take, taxi, every morning)

→ _____

2 그 선수는 공을 찬다. (the player, kick, ball)

→ _____

3 우리는 노래를 한다. (sing, song)

→ _____

4 그 단어는 알파벳 C가 필요해. (the word, need, C)

→ _____

5 그는 그녀를 위해 반지를 고른다. (choose, ring, for her)

→ _____

an ＋ 셀 수 있는 명사(모음 발음으로 시작)

6 나는 오렌지를 자른다. (cut, orange)

→ _____

7 그들은 이글루 안에서 잠을 잔다. (sleep, in, igloo)

→ _____

8 그녀는 계란을 요리한다. (cook, egg)

→ _____

9 James는 수학에서 F 학점을 받는다. (get, F, in math)

→ _____

10 한 연기자가 그 영화에서 춤춘다. (actor, dance, in the movie)

→ _____

k _____

c _____

r _____

i _____

m _____

a _____

Unit 02 정관사 the

a와 an은 정해져 있지 않은 명사 앞에 쓰이는 반면, the는 그 반대야.
그럼 언제 the를 쓰는지 자세히 알아볼까?

I have a cat.

나는 / 가지고 있다 / 고양이 한 마리를

The cat is cute.

그 고양이는 / 이다 / 귀여운

정관사 the의 쓰임: 「the + 명사」

쓰임	예문
· 이미 언급된 특정한 것 · 말하는 사람과 듣는 사람 모두 알고 있는 것	A woman is waiting in the room. **The** woman looks so happy. 한 여자가 그 방에서 기다리고 있는 중이다. 그 여자는 매우 행복해 보인다. Please, close **the** door! 그 문 좀 닫아 주세요.
세상에 하나밖에 없는 것 (sun, moon, world, sky 등)	We travel around **the** world. 우리는 세계를 여행한다.
· 악기 이름(piano, guitar) · 서수(first, second) · 형용사의 최상급(tallest, smallest)	She can play **the** drums. 그녀는 드럼을 연주할 수 있다. This is **the** first room. 이 곳이 첫 번째 방이다. Ken is **the** biggest boy in our school. Ken은 우리 학교에서 가장 큰 소년이다.

※관사를 쓰지 않는 경우

· 식사 이름 / 운동 경기 / 학과목 / 언어: breakfast, lunch / soccer, baseball / math, science / English, Japanese...
· 「by + 교통/통신 수단」: by bus/taxi/train/subway/e-mail
· 본래의 목적으로 쓰인 장소: go to school(공부하러 학교에 가다), c.f. go to the school(친구를 만나러 학교에 가다)

Answers p.14

 기.초.탄.탄

A 다음 중 알맞은 것을 고르세요. (단, 필요 없을 경우 X를 고르세요.)

1 I play (the, X) piano every morning.

나는 / 친다 / 피아노를 / 매일 아침

2 They usually come here by (the, X) train.

그들은 / 대개 / 여기에 온다 / 기차를 타고

3 (The, X) sun sets early in winter.

태양은 / 진다 / 일찍 / 겨울에

4 He goes to (the, X) school at around 8.

그는 / 간다 / 학교에 / 8시쯤

5 She chooses (the, X) smallest box.

그녀는 / 고른다 / 가장 작은 / 상자를

기.본.탄.탄

A 우리말과 일치하도록 빈칸에 a, an, the 중 알맞은 것을 쓰세요.

★ 어휘 탄탄 ★

1 I work at _____ store. _____ store sells fruits.

나는 / 일한다 / 한 가게에서　　　그 가게는 / 판다 / 과일들을

2 She fights with _____ old man. _____ man shouts loudly.

그녀는 / 싸운다 / 한 나이든 남자와　　　그 남자는 / 소리친다 / 크게

3 Jim finds _____ mouse. _____ mouse has a long tail.

Jim은 / 발견한다 / 쥐 한 마리를　　　그 쥐는 / 가지고 있다 / 긴 꼬리를

4 We catch _____ insect. _____ insect is a ladybug.

우리는 / 잡는다 / 곤충 한 마리를　　　그 곤충은 / 이다 / 무당벌레

5 He has _____ baby daughter. _____ baby is so cute.

그는 / 있다 / 어린 딸 하나가　　　그 아기는 / 이다 / 너무 귀여운

f

m

l

B 빈칸에 알맞은 관사 the를 쓰세요. (단, 필요 없을 경우 X를 고르세요.)

1 _____ music class is so good. 그 음악 수업은 매우 좋다.

We study _____ music in school. 우리는 학교에서 음악을 공부한다.

2 _____ basketball is a popular sport. 농구는 인기 있는 운동이다.

_____ basketball player is really famous. 그 농구 선수는 매우 유명하다.

3 My sister and I go to _____ bed early. 나의 여동생과 나는 일찍 자러 간다.

_____ bed in the corner is comfortable. 구석에 있는 그 침대는 편안하다.

b

f

c

A 우리말에 맞게 주어진 단어를 이용하여 문장을 완성하세요.

> Hint
>
> **There is a brave man in the town.** 그 마을에 한 용감한 사람이 있다.
>
> → **He is the tallest man in the town.** (tallest)
>
> 그는 그 마을에서 키가 가장 큰 사람이다.

c ....

1 A bird sings in a cage. 새가 새장 안에서 노래한다.

→ _____ is closed. (cage) 그 새장은 닫혀 있다.

t ....

2 Seoul is a large city. 서울은 큰 도시이다.

→ Seoul is _____ in Korea. (largest) 서울은 한국에서 가장 큰 도시이다.

3 We travel around Japan. 우리는 일본을 여행한다.

→ We travel around _____. (world) 우리는 세계를 여행한다.

t ....

4 My sisters play table tennis. 나의 누나들은 탁구를 친다.

→ My brothers play _____. (trumpet) 나의 형들은 트럼펫을 연주한다.

5 The computer is in a room. 그 컴퓨터는 방에 있다.

→ The computer is in _____. (second) 그 컴퓨터는 두 번째 방에 있다.

B 주어진 단어를 알맞게 배열하세요.

1 타조는 세상에서 가장 큰 새이다. (is, biggest bird, in the world, an ostrich, the)

→ _____

o ....

2 태양은 동쪽에서 뜬다. (in the east, the, rises, sun)

→ _____

3 한 늑대가 달 아래서 운다. (cries, wolf, under, moon, a, the)

→ _____

w ....

4 나의 딸은 플루트를 연주한다. (plays, my daughter, flute, the)

→ _____

5 첫 번째 질문은 매우 어렵다. (difficult, is, question, very, the first)

→ _____

d ....

영.작.탄.탄

A 주어진 단어를 이용하여 문장을 완성하세요. (단, 동사의 형태의 주의하세요.)

★ 어휘 탄탄 ★

the ＋ **이미 언급된 특정한 것 또는 이미 알고 있는 것**

1 창문을 열어라. (open, window)

→ _____

2 그 자동차는 비싸다. (car, expensive)

→ _____

3 후추를 저에게 건네주세요. (pass, me, pepper)

→ Please, _____ .

the ＋ **세상에 하나밖에 없는 것**

4 하늘은 파란색이다. (sky, blue)

→ _____

5 태양은 정말로 뜨겁다. (sun, really hot)

→ _____

6 달은 밤에 뜬다. (moon, rise, in the evening)

→ _____

7 세상은 매우 빨리 변한다. (world, change, very fast)

→ _____

the ＋ **서수 또는 악기 이름 앞**

8 첫 번째 주자가 결승선을 넘는다. (first runner, cross, the finish line)

→ _____

9 Mike는 바이올린을 매우 잘 연주한다. (play, violin, very well)

→ _____

10 내 사무실은 3층에 있다. (office, on, third floor)

→ _____

e _____

p _____

s _____

e _____

r _____

o _____

Unit 03 한정사 some, any, all, every, each

some, any, all, every, each + 명사
그렇다면 '각각의 책'은 each book?

some과 any의 쓰임

		예문
some 약간의, 조금의	+ 셀 수 있는 복수 명사	Would you like **some** cookies? 쿠키를 좀 드시겠어요? There is **some** milk in the fridge. 냉장고에 우유가 있다. ※ 주로 긍정문, 권유문에 쓰인다.
any 약간의, 조금의, 어떤	+ 셀 수 없는 명사	Are there **any** questions? 질문이 있으신가요? I don't have **any** money. 나는 돈이 조금도 없다. ※ 주로 부정문과 의문문에 쓰인다.

all, every, each의 쓰임

		예문
all 모든	+ (the / 소유격) + 셀 수 있는 복수 명사 + (the / 소유격) + 셀 수 없는 단수 명사	**All** the students **go** to school by 8. 모든 학생들은 8시까지 학교에 간다. **All** my money **is** in the bank. 내 모든 돈이 은행에 있다.
every 모든	+ 셀 수 있는 단수 명사	**Every** country **has** its own flag. 모든 나라는 각자의 국기를 가지고 있다.
each 각각의	+ 셀 수 있는 단수 명사	**Each** worker **works** five days a week. 각각의 근로자들은 1주에 5일을 일한다.

Answers p.15

 기초탄탄

A 다음 중 알맞은 것을 고르세요.

1 I have (some / any) coins in my purse.

나는 / 가지고 있다 / 약간의 / 동전을 / 나의 지갑에

2 Would you like (some / any) coffee?

당신은 드시겠습니까 / 약간의 / 커피를

3 Is there (some / any) problems?

있나요 / 어떤 / 문제가

4 There isn't (some / any) juice.

없어요 / 조금도 / 주스가

5 We don't have (some / any) cooking oil.

우리는 / 가지고 있지 않다 / 조금의 / 식용유도

A 보기에 주어진 단어를 이용하여 문장을 완성하세요.

1 _____ student has a library card.

모든 / 학생들은 / 가지고 있다 / (도서관의) 대출증을

2 _____ the people are quiet in the library.

모든 / 사람들은 / 이다 / 조용한 / 도서관에서

3 _____ cooks wash their hands before cooking.

모든 / 요리사들은 / 씻는다 / 자신의 손을 / 요리하기 전에

4 The coach shakes hands with _____ player on the team.

그 감독은 / 악수를 한다 / 모든 선수와 / 그 팀의

5 Mrs. Jones gives advice to _____ student.

Jones 선생님은 / 조언을 해주신다 / 각각의 학생에게

보기

every

all

each

B 우리말에 맞게 주어진 단어를 이용하여 문장을 완성하세요.

1 There are _____ _____ on the beach. (children)

해변에 몇몇의 아이들이 있다.

2 We don't have _____ _____ at home. (flour)

우리는 집에 밀가루가 조금도 없다.

3 Would you like _____ _____? (vegetables)

당신은 채소를 좀 드시겠습니까?

4 There isn't _____ _____ in the bottle. (sugar)

그 병에는 설탕이 조금도 없다.

5 Do they have _____ _____ for Saturday? (plans)

그들은 토요일에 계획이 있나요?

보기

some

any

A 밑줄 친 부분을 바꾸어 같은 의미의 문장을 완성하세요.

Hint

> **All the drivers** are careful near the school. 모든 운전자는 학교 근처에서 매우 조심한다.
> → **Every driver** is careful near the school.

1 All the students study hard for the test. 모든 학생이 그 시험을 위해 열심히 공부한다.

→ _____ studies hard for the test.

t ....

2 All the cookies are so sweet. 모든 쿠키는 매우 달다.

→ _____ is so sweet.

3 All the dresses are too small for Jennifer. 모든 드레스가 Jennifer에게 너무 작다.

→ _____ is too small for Jennifer.

d ....

4 All the cars work very well now. 모든 자동차가 지금 매우 잘 작동한다.

→ _____ works very well now.

5 All the animals need food and water. 모든 동물들은 음식과 물이 필요하다.

→ _____ needs food and water.

s ....

B 주어진 단어를 알맞게 배열하세요.

1 Terry는 약간의 초콜릿을 먹는다. (eats, chocolate, Terry, some)

→ _____

2 그 버스에 몇몇의 사람들이 있다. (are, on the bus, there, people, some)

→ _____

p ....

3 그들은 고기를 전혀 먹지 않는다. (eat, meat, don't, they, any)

→ _____

4 Sam은 한국어로 쓰인 책을 읽나요? (read, Korean books, Sam, does, any)

→ _____

m ....

5 차 좀 드시겠어요? (tea, would, some, like, you)

→ _____

t ....

영.작.탄.탄

A 우리말에 맞게 주어진 단어를 이용하여 문장을 완성하세요.

| some / any | + | idea / cheese / help |

1 당신은 어떤 의견이 있나요?

→ Do you _____ ?

2 당신은 치즈를 좀 드시겠어요?

→ Would you _____ ?

3 나는 어떠한 도움도 필요 없어요.

→ I don't _____ .

보기 1~3

like

have

need

| some / any | + | pictures / words / potatoes |

4 그들은 거실에 놓을 몇몇의 그림을 원한다.

→ They _____ for the living room.

5 그 남자와 여자는 어떤 말도 하지 않는다.

→ The man and woman _____ .

6 그 농부는 우리에게 몇 개의 감자를 가져다 준다.

→ The farmer _____ to us.

보기 4~6

brings

don't say

want

| all / every / each | + | the passengers / table / student/ the water |

7 모든 승객들은 기차를 기다린다.

→ _____ for the train.

8 각각의 테이블이 방문객들을 위해 준비되어 있다.

→ _____ for the visitors.

9 모든 학생들은 그 시험에 통과하길 원한다.

→ _____ to pass the test.

10 나의 개는 그릇에 있는 모든 물을 마신다.

→ My dog _____ in the bowl.

보기 7~10

drinks

wants

is ready

wait

응.용.탄.탄

A 퍼즐에서 그림에 알맞은 단어를 찾아 주어진 관사와 어울리는 단어를 분류하여 표를 완성하세요.

R	A	D	I	O	X	E	R
T	R	S	U	N	L	Q	E
U	M	B	R	E	L	L	A
O	C	T	O	P	U	S	M
A	K	Y	Y	M	Y	G	O
N	I	E	A	R	T	H	O
T	T	C	O	U	R	M	N
R	K	I	T	E	P	U	S

a	an	the
_____	_____	_____
_____	_____	_____
_____	_____	_____

B 코드표를 보고 알맞은 단어를 찾아 문장을 완성하세요.

■	□	▣	▤	▥	▦	▧	▨	▩	▲	△	▶	▼
A	B	C	D	E	F	G	H	I	J	K	L	M

▽	◆	◇	◈	○	◎	●	◐	◑	★	♠	♣	♡
N	O	P	Q	R	S	T	U	V	W	X	Y	Z

1 Would you like ◎◆▼▥ pizza?
→ _____

2 He doesn't have ■▽♣ money.
→ _____

3 ■▶▶ visitors need tickets.
→ _____

4 ▥◑▥○♣ driver stops at red lights.
→ _____

102

Chapter

6

조동사

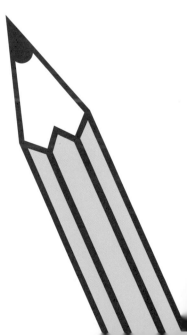

Unit 01

can [be able to], may

동사의 의미를 보조해 주는 말인 조동사는 「조동사 + 동사원형」
그렇다면 '할 수 있다'는 can do?

| 「can + 동사원형」 | (1) 능력: ∼할 수 있다(= be able to) |
| | (2) 허락: ∼해도 좋다(= may) |

He speaks English well. → He can speak English well.

그는 / 말한다 / 영어를 / 잘 　　　　그는 / 말할 수 있다 / 영어를 / 잘

He goes home early. → He can go home early.

그는 / 간다 / 집에 / 일찍 　　　　그는 / 가도 좋다 / 집에 / 일찍

| 「may + 동사원형」 | (1) 추측: ∼일지도 모른다 |
| | (2) 허락: ∼해도 좋다(= can) |

She is sick. → She may be sick.

그녀는 / 이다 / 아픈 　　그녀는 / 일지도 모른다 / 아픈

You eat some chocolate. → You may eat some chocolate.

너는 / 먹는다 / 약간의 초콜릿을 　　　너는 / 먹어도 좋다 / 약간의 초콜릿을

> 궁금해요!
>
> '∼할 수 있다'는 뜻의 'be able to'는
> 조동사 'can'과 바꿔 쓸 수 있나요?
> → 네! 단, 앞에 오는 주어에 따라
> 달라지는 be동사의 형태에 주의하
> 세요.
>
> 예) I can do it.
> = I am able to do it.
> She can do it.
> = She is able to do it.

Answers p.16

기.초.탄.탄

A 다음 중 알맞은 것을 고르세요.

1 I (can / may) play the drums.　　　　　나는 / 칠 수 있다 / 드럼을

2 He (can / may) finish his work by 10.　　그는 / 끝낼지도 모른다 / 그의 일을 / 10시까지

3 It (can / may) be cloudy early in the morning.　(날씨가) 일지도 모른다 / 흐린 / 이른 아침에는

4 Kelly (can / may) run very fast.　　　　Kelly는 / 달릴 수 있다 / 매우 빠르게

5 She (can / may) be in the pet shop.　　그녀는 / 있을지도 모른다 / 애완동물 가게에

A 우리말에 맞게 주어진 단어를 이용하여 문장을 완성하세요.

1 We _____ _____ a new car. (buy)

우리는 / 살 수 있다 / 새 자동차를

2 I _____ _____ the radio. (fix)

나는 / 고칠 수 있다 / 그 라디오를

r ....

3 He _____ _____ sleepy. (be)

그는 / 일지도 모른다 / 졸린

4 The fried egg _____ _____ a bit salty. (be)

그 달걀 프라이는 / 일지도 모른다 / 조금 짠

f ....

5 The children _____ _____ the soccer ball. (kick)

그 아이들은 / 찰 수 있다 / 그 축구공을

b ....

B 우리말에 맞게 주어진 문장을 이용하여 문장을 완성하세요.

1 The bird flies high in the sky. 그 새는 하늘 높이 난다.

→ The bird _____ _____ high in the sky. 그 새는 하늘 높이 날 수 있다.

2 The old lady is rich. 그 노부인은 부자이다.

→ The old lady _____ _____ rich. 그 노부인은 부자일지도 모른다.

d ....

3 The quizzes are too easy. 그 퀴즈들은 너무 쉽다.

→ The quizzes _____ _____ too easy. 그 퀴즈들은 너무 쉬울지도 모른다.

4 His father drives a truck. 그의 아버지는 트럭을 운전하신다.

→ His father _____ _____ a truck. 그의 아버지는 트럭을 운전하실 수 있다.

t ....

5 The kid catches bugs. 그 아이는 벌레들을 잡는다.

→ The kid _____ _____ bugs. 그 아이는 벌레들을 잡을 수 있다.

b ....

A 문장이 같은 뜻이 되도록 'be able to' 또는 'may'를 넣어 문장을 완성하세요.

 Hint

> **I can play the cello.** 나는 첼로를 연주할 수 있다.
> **= I am able to play the cello.**

1 You can come in. 너는 들어와도 좋다.

= You _____ in.

2 She can borrow the book. 그녀는 그 책을 빌려가도 좋다.

= She _____ the book.

3 Kelly can win the game easily. Kelly는 그 게임을 쉽게 이길 수 있다.

= Kelly _____ the game easily.

4 I can lift three boxes at once. 나는 한 번에 세 개의 상자를 들어 올릴 수 있다.

= I _____ three boxes at once.

5 We can eat five hot dogs at a time. 우리는 한 번에 다섯 개의 핫도그를 먹을 수 있다.

= We _____ five hot dogs at a time.

B 주어진 단어를 알맞게 배열하세요.

1 그는 혼자 자신의 숙제를 할 수 있다. (do his homework, alone, he, can)

→ _____

2 그녀는 따뜻한 코트가 있을지도 모른다. (have, she, a warm coat, may)

→ _____

3 그 케이크는 비쌀지도 모른다. (be, expensive, the cake, may)

→ _____

4 우리는 지금 많은 돈을 쓸 수 있다. (spend, we, a lot of, money, now, can)

→ _____

5 나는 그 강에서 수영을 잘할 수 있다. (can, I, in the river, swim well)

→ _____

w ....

g ....

l ....

h ....

e ....

s ....

영.작.탄.탄

A 우리말에 맞게 주어진 단어를 이용하여 문장을 완성하세요.

보기 1~4

green vegetables

it

the piano

this juice

| can | + | 동사원형 |

1 나는 피아노를 칠 수 있다. (play)

→ _____

2 너는 그것을 할 수 있다. (do)

→ _____

3 우리는 녹색 채소를 먹을 수 있다. (eat)

→ _____

4 그들은 이 주스를 마셔도 된다. (drink)

→ _____

보기 5~7

English

high

the tree

| be able to | + | 동사원형 |

5 고양이들은 높게 뛸 수 있다. (cats, jump)

→ _____

6 그녀는 나무에 올라갈 수 있다. (climb)

→ _____

7 그 아이들은 영어를 말할 수 있다. (the children, speak)

→ _____

보기 8~10

late for school

open until now

on the bench

| may | + | 동사원형 |

8 당신은 벤치에 앉아도 됩니다. (sit)

→ _____

9 그는 학교에 늦을지도 모른다. (be)

→ _____

10 그 가게가 지금까지 열려 있을지도 모른다. (the store, be)

→ _____

Unit 02

will [be going to]

'~일 것이다'라는 뜻의 조동사 will과 be going to는 어떻게 사용할까?
I will cry 또는 **I am going to cry?**

「will + 동사원형」	(1) 의지/순간적 결정: ~하겠다 (2) 미래/예측: ~일 것이다(= be going to) 「주어 + will」은 「주어 + 'll」로 축약이 가능하다. (I will = I'll)

I help you.　→　I will help you.　→　I'll help you.

나는 / 돕는다 / 너를　　　나는 / 돕겠다 / 너를

It rains hard.　→　It will rain hard.　→　It'll rain hard.

비가 온다 / 심하게　　　비가 올 것이다 / 심하게

「be going to + 동사원형」	(1) 계획된 일정: ~할 예정이다 (2) 미래/예측: ~일 것이다(= will)

He studies math.　→　He is going to study English.

그는 / 공부한다 / 수학을　　　그는 / 공부할 예정이다 / 영어를

She will visit America.　→　She is going to visit America.

그녀는 / 방문할 것이다 / 미국을　　　그녀는 / 방문할 것이다 / 미국을

Answers p.16

기.초.탄.탄

A 다음 중 알맞은 것을 고르세요.

1 I (am / are / is) going to come back soon.　　나는 / 다시 돌아올 것이다 / 곧

2 My father (will fix / fix will) the fan.　　나의 아버지는 / 고치실 것이다 / 그 선풍기를

3 You (will be / will am) a doctor.　　너는 / 될 것이다 / 의사가

4 Brenda is going (call / to call) the police.　　Brenda는 / 부를 것이다 / 경찰을

5 We are (will / going to) throw a party.　　우리는 / 열 것이다 / 파티를

A 우리말에 알맞게 「will + 동사원형」을 넣어 문장을 완성하세요.

★ 어휘 탄탄 ★

1 You _____ some pizza. (make)

너는 / 만들 것이다 / 약간의 피자를

p _____

2 They _____ here by 5 o'clock. (arrive)

그들은 / 도착할 것이다 / 여기에 / 5시 정각까지

l _____

3 I _____ the door. (lock)

나는 / 잠글 것이다 / 그 문을

4 We _____ only vegetables. (eat)

우리는 / 먹을 것이다 / 오직 채소들만

v _____

5 She _____ to the theater. (go)

그녀는 / 갈 것이다 / 그 극장에

B 밑줄 친 부분을 「be going to + 동사원형」으로 바꾸어 문장을 완성하세요.

1 He <u>meets</u> Ben. 그는 Ben을 만난다.

→ He _____ Ben tomorrow. 그는 내일 Ben을 만날 것이다.

m _____

2 I <u>watch</u> a magic show. 나는 마술쇼를 본다.

→ I _____ a magic show soon. 나는 곧 마술쇼를 볼 것이다.

3 You <u>learn</u> math. 너는 수학을 배운다.

→ You _____ math next year. 너는 내년에 수학을 배울 것이다.

m _____

4 She <u>goes</u> hiking. 그녀는 하이킹을 간다.

→ She _____ hiking today. 그녀는 오늘 하이킹을 갈 것이다.

m _____

5 They <u>eat</u> out today. 그들은 오늘 외식한다.

→ They _____ out today. 그들은 오늘 외식할 것이다.

h _____

실.력.탄.탄

A 주어진 단어를 이용하여 문장을 완성하세요.

 ★ 어휘 탄탄 ★

> **I eat chicken a lot.** 나는 치킨을 많이 먹는다.
> → **I will eat chicken a lot. (will)** 나는 치킨을 많이 먹을 것이다.

1 I am late for school. 나는 학교에 늦었다.

→ I _____ late for school. (will)

2 He dances with her. 그는 그녀와 춤을 춘다.

→ He _____ with her. (will)

3 The camel drinks a lot of water. 그 낙타는 많은 물을 마신다.

→ The camel _____ a lot of water. (be going to)

4 We wait for the passengers. 우리는 그 승객들을 기다린다.

→ We _____ for the passengers. (be going to)

5 She saves money. 그녀는 돈을 모은다.

→ She _____ money. (be going to)

d ....

c ....

p ....

B 주어진 단어를 알맞게 배열하세요.

1 그녀는 분홍 드레스를 살 것이다. (buy, a pink dress, she, will)

→ _____

2 Jack은 그녀와 곧 결혼할 것이다. (marry, soon, Jack, will, her)

→ _____

3 나는 집에 늦게 올 것이다. (come home, I, late, am going to)

→ _____

4 우리는 그 비디오 게임을 할 것이다. (play, we, are going to, the video game)

→ _____

5 너는 행복할 것이다. (be, happy, you, are going to)

→ _____

d ....

m ....

l ....

영.작.탄.탄

A 우리말에 맞게 주어진 단어를 이용하여 문장을 완성하세요.

| will | + | 동사원형 |

보기 1~5

the man soon

his lawyer

the movie

his house

here

1 나는 그의 집을 방문할 것이다. (visit)

→ _____

2 너는 곧 그 남자를 볼 것이다. (see)

→ _____

3 그는 자신의 변호사에게 전화할 것이다. (call)

→ _____

4 우리는 여기에 머무를 것이다. (stay)

→ _____

5 그녀는 그 영화를 볼 것이다. (watch)

→ _____

| be going to | + | 동사원형 |

보기 6~10

the new songs

science

the eggs in the basket

our meal

the violin

6 David는 바구니에 있는 달걀을 셀 것이다. (count)

→ _____

7 우리는 바이올린을 연주할 것이다. (play)

→ _____

8 그는 과학을 가르칠 것이다. (teach)

→ _____

9 Andy는 우리의 음식 값을 낼 것이다. (pay for)

→ _____

10 그들은 새로 나온 노래들을 들을 것이다. (listen to)

→ _____

Unit 03

must [have to], should

조동사 must와 should는 '～해야 한다'라는 의무를 말할 때 쓴다.
그렇다면 둘의 차이는 뭘까?

| 「must + 동사원형」 | (1) 필요, (꼭 해야 하는)의무: ～해야 한다(= have[has] to) |
| | (2) 강한 추측: ～임에 틀림없다 |

He finishes his work today. → He must finish his work today.

그는 / 끝낸다 / 자신의 일을 / 오늘   그는 / 끝내야 한다 / 자신의 일을 / 오늘

He has a big sports car. → He must be rich.

그는 / 가지고 있다 / 큰 스포츠카를   그는 / ～ 임에 틀림없다 / 부자인

> 궁금해요!
> 'have [has] to'는 '～해야 한다'라는 뜻
> 으로 조동사 'must'와 바꿔 쓸 수 있나요?
> → 네! 하지만 앞에 오는 주어에 따라 동사
> have의 형태가 바뀌는 것을 꼭 기억하세요!
> 예) He must do it.= He has to do it.

| 「should + 동사원형」 | (도덕적) 의무, 충고, 제안: ～하는 것이 좋겠다, ～해야 한다 |

She drinks more water. → She should drink more water.

그녀는 / 마신다 / 더 많은 물을   그녀는 / 마시는 것이 좋겠다 / 더 많은 물을

Answers p.17

 기.초.탄.탄

A 다음 중 알맞은 의미를 고르세요.

1 Children must listen to their mother.

아이들은 / (해야 한다 / 임에 틀림없다) / 듣다 / 엄마 말씀을

2 Students must be quiet in the library.

학생들은 / (해야 한다 / 임에 틀림없다) / 조용하다 / 도서관에서

3 He is absent from work.   He must be sick.

그는 / 결근한다 / 직장에   그는 / (해야 한다 / 임에 틀림없다) / 아프다

4 She has a ring on her finger.   She must be married.

그녀는 / 가지고 있다 / 반지를 / 자신의 손가락에   그녀는 / (해야 한다 / 임에 틀림없다) / 결혼하다

기.본.탄.탄

A 우리말에 맞게 「must + 동사원형」을 넣어 문장을 완성하세요.

★ 어휘 탄탄 ★

1 We are late. 우리는 / 이다 / 늦은

→ We _____. (hurry) 우리는 / 서둘러야 한다

2 Animals are our close friends. 동물들은 / 이다 / 우리의 가까운 친구들

→ We _____ animals. (love) 우리는 / 사랑해야 한다 / 동물들을

a
....

3 This is a swimming pool. 이곳은 / 이다 / 수영장

→ You _____ your swimsuit. (bring) 너는 / 가지고 와야 한다 / 너의 수영복을

s
....

4 There are many people in the restaurant. 있다 / 많은 사람들이 / 그 식당에는

→ The food _____ delicious. (be) 그 음식은 / ~임에 틀림없다 / 맛있는

5 I am a taxi driver. 나는 / 이다 / 택시 운전기사

→ I _____ my seat belt. (wear) 나는 / 착용해야 한다 / 나의 안전띠를

s
....

B 우리말에 맞게 「should + 동사원형」을 넣어 문장을 완성하세요.

1 You eat some vegetables. 너는 약간의 채소를 먹는다.

→ You _____ some vegetables. 너는 약간의 채소를 먹는 것이 좋다.

2 James studies for the test. James는 시험공부를 한다.

→ James _____ for the test. James는 시험공부를 해야 한다.

t
....

3 Jake brushes his teeth every day. Jake는 매일 양치한다.

→ Jake _____ his teeth every day. Jake는 매일 양치해야 한다.

b
....

4 We take a rest. 우리는 휴식을 취한다.

→ We _____ a rest. 우리는 휴식을 취하는 것이 좋겠다.

5 I am nice to my friends. 나는 내 친구들에게 친절하다.

→ I _____ nice to my friends. 나는 내 친구들에게 친절해야 한다.

t
....

실.력.탄.탄

A 문장이 같은 뜻이 되도록 have[has] to를 넣어 문장을 완성하세요.

> **Hint**
>
> **I must get there by** 9. 나는 9시까지 그곳에 가야 한다.
> → **I have to get there by** 9.

1 I must clean my room. 나는 나의 방을 치워야 한다.

→ I _____ my room.

2 He must wear a life jacket. 그는 구명조끼를 착용해야 한다.

→ He _____ a life jacket.

3 She must bring the concert ticket. 그녀는 그 콘서트 티켓을 가져와야 한다.

→ She _____ the concert ticket.

4 They must return the books in two weeks. 그들은 2주 후에 그 책들을 반납해야 한다.

→ They _____ the books in two weeks.

5 You must wash your hands before meals. 너는 식사 전에 손을 씻어야 한다.

→ You _____ your hands before meals.

B 주어진 단어를 알맞게 배열하세요.

1 이것은 어려운 문제임에 틀림없다. (a difficult question, this, must be)

→ _____

2 너의 고양이는 약을 먹는 것이 좋겠다. (take medicine, your cat, should)

→ _____

3 그 편지는 제 시각에 그곳에 도착해야 한다. (arrive there, on time, the letter, must)

→ _____

4 우리는 줄을 서 있는 것이 좋겠다. (stand, we, should, in line)

→ _____

5 너는 너의 선생님께 예의를 지켜야 한다. (should, polite, you, to your teacher, be)

→ _____

★ 어휘 탄탄 ★

r

l

t

m

l

p

114

영.작.탄.탄

A 우리말에 맞게 주어진 단어를 이용하여 문장을 완성하세요.

must + **동사원형**

1 나는 7시에 일어나야 한다. (wake up)

→ _____

2 너는 오늘 너의 숙제를 끝내야 한다. (finish)

→ _____

3 그는 정말 똑똑한 것이 틀림없다. (be)

→ _____

4 그녀가 그 새로 오신 음악 선생님이신 것이 틀림없어. (be)

→ _____

have [has] to + **동사원형**

5 그녀는 잠을 더 자야 한다. (sleep)

→ _____

6 우리는 수업 전에 그 책을 읽어야 한다. (read)

→ _____

7 승객들은 자리에 앉아 있어야 한다. (passengers, sit)

→ _____

should + **동사원형**

8 아이들은 매일 3잔의 우유를 마시는 것이 좋다. (kids, drink)

→ _____

9 너는 하루에 30분씩 산책하는 것이 좋다. (take a walk)

→ _____

10 그들은 해변에서 선글라스를 써야 한다. (put on)

→ _____

보기 1~4

your homework today

really smart

at 7

the new music teacher

보기 5~7

the book before the class

in their seats

more

보기 8~10

sunglasses at the beach

for thirty minutes a day

three cups of milk every day

Unit 04 조동사의 부정문

조동사의 부정: 조동사 + not + 동사원형
그렇다면, '먹으면 안 된다'는 must not eat?

I will :not: watch **the movie.**

나는 / 안 볼 것이다 / 그 영화를

They should :not: speak **in Korean.**

그들은 / 말하면 안 된다 / 한국어로

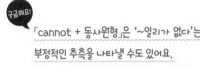

「cannot + 동사원형」은 '~일리가 없다'는
부정적인 추측을 나타낼 수도 있어요.
예) It cannot be true.
   그것은 사실일 리가 없어.

cannot[can't] (불가능)	The boy **cannot** jump high. 그 소년은 높이 점프할 수 없다.
may not (추측/금지)	The girl **may not** come soon. 그 소녀는 곧 오지 않을지도 모른다. You **may not** leave the room now. 너희들은 지금 방을 나갈 수 없어.
will not[won't] (미래)	My dad **will not** be busy tomorrow. 우리 아빠는 내일 바쁘시지 않을 것이다.
must not[mustn't] (금지)	He **must not** wear the uniform today. 그는 오늘 그 유니폼을 입으면 안 된다.
should not[shouldn't] (충고)	She **should not** take the medicine. 그녀는 그 약을 먹으면 안 된다.

Answers p.18

기.초.탄.탄

A 우리말에 맞게 다음 중 알맞은 것을 고르세요.

1 I (may not / cannot) play the cello.

나는 / 연주할 수 없다 / 첼로를

2 It (may not / should not) be cloudy in the morning.

(날씨가) 구름이 끼지 않을지도 모른다 / 아침에

3 The old lady (won't / mustn't) eat any sugar.

그 노부인은 / 먹어서는 안 된다 / 어떤 설탕도

4 The subway (must not / will not) come on time.

그 지하철은 / 오지 않을 것이다 / 정시에

5 She (shouldn't / may not) fight with the boy.

그녀는 / 싸우지 말아야 한다 / 그 소년과

6 You (may not / will not) enter the room now.

너는 / 들어갈 수 없다 / 그 방에 / 지금

기.본.탄.탄

A 주어진 문장을 부정문으로 바꾸세요. (단, 축약형은 쓰지 마세요.)

★ 어휘 탄탄 ★

1 They <u>should jump</u> on the bed. 그들은 / 뛰어야 한다 / 침대에서

→ They _____ on the bed. 그들은 / 뛰지 말아야 한다 / 침대에서

2 He <u>may come</u> to the meeting. 그는 / 올지도 모른다 / 그 모임에

→ He _____ to the meeting. 그는 / 안 올지도 모른다 / 그 모임에

j

3 We <u>must drink</u> cold water. 우리는 / 마셔야 한다 / 차가운 물을

→ We _____ cold water. 우리는 / 마시지 말아야 한다 / 차가운 물을

d

4 John <u>will go</u> on a picnic. John은 / 갈 것이다 / 소풍을

→ John _____ on a picnic. John은 / 가지 않을 것이다 / 소풍을

5 The bird <u>can fly</u> high. 그 새는 / 날 수 있다 / 높이

→ The bird _____ high. 그 새는 / 날 수 없다 / 높이

p

B 우리말에 맞게 주어진 단어를 이용하여 문장을 완성하세요.

1 My grandpa _____ hard nuts. (can, chew)

나의 할아버지께서는 딱딱한 견과류를 씹을 수 없다.

n

2 We _____ to the bathroom now. (may, go)

우리는 지금 화장실에 가서는 안 된다.

3 You _____ the ball at other people. (must, throw)

너는 다른 사람들에게 공을 던지면 안 된다.

b

4 He _____ the baseball game. (will, watch)

그는 그 야구 경기를 보지 않을 것이다.

5 I _____ breakfast. (should, skip)

나는 아침 식사를 거르면 안 된다.

b

A 밑줄 친 단어를 활용하여 주어진 조동사의 부정문으로 바꾸세요.

> I **make** cheese pizza. 나는 치즈 피자를 만든다.
> → I **cannot make cheese pizza.** (can) 나는 치즈 피자를 만들수 없다.

c _____

1 Kelly <u>works</u> today. Kelly는 오늘 일한다.

→ _____ (may)

w _____

2 I <u>am</u> late for work. 나는 직장에 늦었다.

→ _____ (will)

3 Carol <u>wins</u> the game easily. Carol은 그 게임을 쉽게 이긴다.

→ _____ (can)

p _____

4 You <u>park</u> the car here. 너는 여기에 차를 주차한다.

→ _____ (must)

5 He <u>drinks</u> a lot of milk every day. 그는 매일 우유를 많이 마신다.

→ _____ (should)

B 주어진 단어를 알맞게 배열하세요.

1 그는 자신의 양말을 찾을 수 없다. (his socks, find, cannot, he)

→ _____

s _____

2 너는 그 회의에서 모자를 써서는 안 된다. (wear a cap, you, not, at the meeting, may)

→ _____

3 나의 남동생은 커피를 마시지 말아야 한다. (coffee, drink, my brother, not, should)

→ _____

c _____

4 나는 일요일에 낚시를 하러 가지 않을 것이다. (go fishing, not, on Sunday, I, will)

→ _____

5 아이들은 그 영화를 보면 안 된다. (not, watch, must, children, the movie)

f _____

→ _____

A 주어진 단어를 이용하여 문장을 완성하세요.

may / must / will + not + 동사원형

1 밤에 눈이 내리지 않을지도 모른다. (it, snow)

→ _____

2 나는 파티에 안 갈 것이다. (go)

→ _____

3 우리는 박물관에서 소리치면 안 된다. (shout)

→ _____

4 그 식당은 오늘 열지 않을지도 모른다. (the restaurant, open)

→ _____

5 너는 그에게 한마디도 해서는 안 된다. (say)

→ _____

can / should + not + 동사원형

6 그녀는 음악 없이 잘 수 없다. (sleep)

→ _____

7 너는 그가 하는 말을 듣지 않는 것이 좋겠다. (listen)

→ _____

8 그 아이는 개를 키울 수 없다. (the kid, keep)

→ _____

9 그들은 그 게임을 하루 종일 하지 말아야 한다. (play the game)

→ _____

10 그는 아침에 일찍 일어날 수가 없다. (get up)

→ _____

보기 1~5

at night

today

a word to him

to the party

in the museum

보기 6~10

all day long

to him

a dog

early in the morning

without music

Unit 05 조동사의 의문문

조동사의 의문문: 조동사 + 주어 + 동사원형 ~?
그렇다면, '이것을 먹어도 되나요?'는 **Can I eat this?**

A: **Can** he **play** tennis? 할 수 있니? / 그는 / 테니스를

B: **Yes, he can. / No, he can't.** 네, 그는 할 수 있어요. / 아니요, 그는 못해요.

조동사의 의문문: 조동사 + 주어 + 동사원형 ~?

can 가능/허락	**Can** she **sing** well? 그녀는 노래를 잘 부를 수 있나요? **Can** they **go** home? 그들은 집에 가도 되나요?
may 허가	**May** I **use** your phone? 당신의 전화를 써도 되나요?
will 미래/부탁	**Will** it **rain** tomorrow? 내일 비가 올까? **Will** you **turn off** the light? 불 좀 꺼줄래요?
must 강제적 의무	**Must** he **finish** this work? 그는 이 일을 끝내야 하나요?
should 도덕적 의무	**Should** we **say** sorry to mom? 우리가 엄마께 사과해야 하나요?

Answers p.19

기.초.탄.탄

A 다음 중 알맞은 것을 고르세요.

1 (May / Should) I use your pen?

해도 될까요? / 제가 / 사용하다 / 당신의 펜을

2 (Will / Can) my daughter be safe there?

할 것인가요? / 나의 딸이 / 안전하다 / 거기서

3 (Will / Must) I take this car right now?

해야 하나요? / 내가 / 타다 / 이 차를 / 지금 바로

4 (Can / Must) the little boy ride a bike?

할 수 있나요? / 그 어린 소년은 / 타다 / 자전거를

5 (May / Will) you close the door, please?

해주실래요? / 당신이 / 닫다 / 문을 / 제발

6 (Should / May) Bob take off his shoes?

해야 하나요? / Bob은 / 벗다 / 자신의 신발을

A 우리말에 알맞게 조동사를 써 보세요.

★ 어휘 탄탄 ★

1 _____ I drink some water?

해도 되나요? / 내가 / 마시다 / 약간의 물을

2 _____ she speak English?

할 수 있나요? / 그녀가 / 말하다 / 영어를

g _____

3 _____ we wear the gloves?

해야 하나요? / 우리는 / 착용하다 / 그 장갑을

t _____

4 _____ he take a taxi?

할 것인가요? / 그는 / 타다 / 택시를

5 _____ you cook for us, please?

해 주실래요? / 당신이 / 요리하다 / 우리를 위해 / 제발

c _____

B 우리말에 맞게 주어진 단어를 이용하여 문장을 완성하세요.

1 _____ you _____ the club? (join)

너는 그 동아리에 가입할 거니?

2 _____ the kid _____ one to ten? (count)

그 아이는 1에서 10까지 셀 수 있니?

c _____

3 _____ I _____ some money? (borrow)

내가 돈을 빌려도 될까?

m _____

4 _____ we _____ now? (sleep)

우리가 지금 자야만 하나요?

5 _____ I _____ quiet in the class? (be)

내가 수업 중에 조용히 해야 하니?

q _____

A 주어진 문장을 의문문으로 바꾸세요.

> Hint
>
> **You can climb the mountain.** 너는 등산할 수 있다.
> → **Can you climb the mountain?** 너는 등산을 할 수 있니?

1 The kids should change their wet clothes. 그 아이들은 젖은 옷을 갈아입어야 한다.

→ _____

2 You will talk to her. 너는 그녀에게 말할 것이다.

→ _____

3 Joe may put his book in the bag. Joe는 자신의 책을 가방에 넣어도 된다.

→ _____

4 The doctor must go to the hospital now. 그 의사는 지금 병원으로 가야 한다.

→ _____

5 The old lady can walk fast. 그 나이든 여성은 빨리 걸을 수 있다.

→ _____

m _____

k _____

h _____

B 주어진 단어를 알맞게 배열하세요.

1 내가 그녀의 우산을 가져가도 될까요? (take, her umbrella, I, may)

→ _____

2 너는 그 상자들을 옮길 거니? (move, you, the boxes, will)

→ _____

3 그녀는 아픈 아이들을 도울 수 있니? (help, sick children, she, can)

→ _____

4 우리가 방안에 머물러야만 하나요? (stay, in the room, we, must)

→ _____

5 그들이 지금 노래 불러야 하나요? (sing, now, they, a song, should)

→ _____

u _____

s _____

s _____

영.작.탄.탄

A 우리말에 맞게 주어진 단어를 이용하여 문장을 완성하세요.

| Will / May | + | 주어 | + | 동사원형 | ~? |

보기 1~4

the dishes

the TV

at the table

dinner

1 너는 저녁을 먹을 거니? (eat)

→ _____

2 그가 설거지를 할 거니? (wash)

→ _____

3 제가 그 TV를 켜도 될까요? (turn on)

→ _____

4 제가 식탁에 앉아도 될까요? (sit)

→ _____

| Can / Must | + | 주어 | + | 동사원형 | ~? |

보기 5~8

me the ball

a party

their cellphones

now

5 그 개는 나에게 공을 가져올 수 있니? (bring)

→ _____

6 그들은 자신의 휴대폰을 꺼야만 하나요? (turn off)

→ _____

7 엄마와 나는 지금 떠나야 하나요? (leave)

→ _____

8 그들이 파티를 열 수 있나요? (throw)

→ _____

| Should | + | 주어 | + | 동사원형 | ~? |

보기 9~10

two bottles of
water a day

a meeting

9 Jessie가 하루에 두 병의 물을 마셔야 하나요? (drink)

→ _____

10 우리가 회의를 해야 하나요? (have)

→ _____

A 퍼즐에 숨겨진 단어를 찾아 문장을 완성하세요.

1 The dog _____ swim.

그 개는 수영을 할 수 있다.

2 She _____ go on a picnic.

그녀는 소풍을 갈 것이다.

3 The man _____ use the cell phone.

그 남자는 그 휴대전화를 사용해도 된다.

4 You _____ drink more water.

너는 물을 더 마시는 게 좋겠다.

5 Young students _____ not smoke.

어린 학생들은 흡연을 하면 안 된다.

B	A	T	W	I	L	L	R
T	F	S	F	N	L	Q	E
U	M	S	H	O	U	L	D
P	C	T	O	P	P	S	Q
C	K	M	U	S	T	G	Q
A	I	E	A	R	T	H	O
N	T	C	M	A	Y	M	N
Y	O	U	T	O	M	U	N

B 미로에서 알맞은 단어를 골라 그림에 알맞은 문장을 완성하세요.

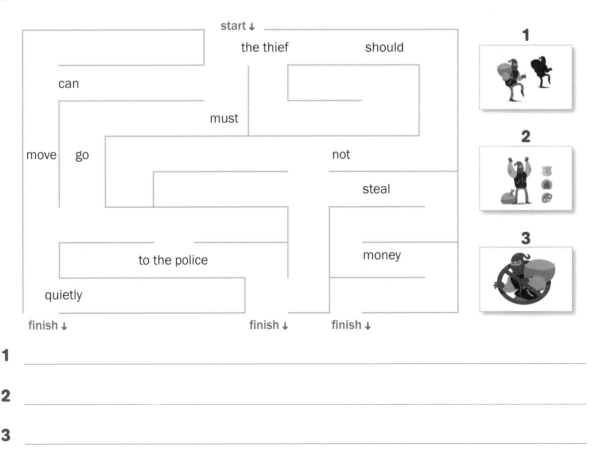

1 _____

2 _____

3 _____

Chapter 7

의문사 의문문

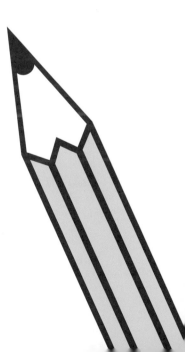

who / what + be동사 + 주어

be동사가 들어간 who(누가), what(무엇)의 의문문은
「Who/What + be동사 + 주어~?」
그렇다면, '나는 누구니?'는 Who am I?

Who + be동사 + 주어 ~?	~가 누구인가요?

He is ◯. 그는 / 이다 / (누구)

→ **Is he** ◯**?** 인가요? / 그는 / (누구)

→ **Who is he?** 누구 / 인가요? / 그는 → **He is Mike.** 그는 / 입니다 / Mike

What + be동사 + 주어 ~?	~가 무엇인가요?

It is ◯. 그것은 / 이다 / (무엇)

→ **Is it** ◯**?** 인가요? / 그것은 / (무엇)

→ **What is it?** 무엇 / 인가요? / 그것은 → **It is a box.** 그것은 / 입니다 / 상자

※ be동사는 주어의 수에 일치시킨다.

Answers p.20

기.초.탄.탄

A 다음 중 알맞은 것을 고르세요.

1 Who (am / are / is) <u>she</u>?　　　　　누구 / 인가요? / 그녀는

2 What (am / are / is) <u>they</u>?　　　　무엇 / 인가요? / 그것들은

3 Who (am / are / is) <u>I</u>?　　　　　　누구 / 인가요 / 나는

4 What (am / are / is) <u>it</u>?　　　　　무엇 / 인가요? / 그것은

5 What (am / are / is) <u>those</u>?　　　무엇 / 인가요? / 저것들은

A 우리말에 맞게 문장을 완성하세요.

1 _____ is the big man?

누구 / 인가요? / 그 큰 남자는

2 _____ is her job?

무엇 / 인가요? / 그녀의 직업은

3 _____ is that pretty lady?

누구 / 인가요? / 저 예쁜 숙녀는

4 _____ is this?

무엇 / 인가요? / 이것은

5 _____ are you?

누구 / 인가요? / 당신은

m

j

l

B 우리말에 맞게 문장을 완성하세요.

1 _____ _____ these boxes?

이 상자들은 무엇인가요?

2 _____ _____ your favorite fruit?

너의 가장 좋아하는 과일은 무엇이니?

3 _____ _____ your best friend?

너의 가장 친한 친구는 누구이니?

4 _____ _____ the children next to Kelly?

Kelly 옆에 있는 아이들은 누구인가요?

5 _____ _____ the problems?

문제가 무엇인가요?

b

f

f

실.력.탄.탄

A 우리말에 맞게 주어진 단어를 이용하여 문장을 완성하세요. (단, be동사의 형태에 유의하세요.)

> **Hint**
>
> 가장 좋아하는 계절은 <u>무엇</u>인가요? (be, your favorite season)
> → **What is your favorite season?**

1 너의 선생님들은 <u>누구</u>시니? (be, your teachers)

→ _____

2 그의 취미는 <u>무엇</u>인가요? (be, his hobby)

→ _____

3 그 의사들은 <u>누구</u>인가요? (be, the doctors)

→ _____

4 그 책들은 <u>무엇</u>인가요? (be, the books)

→ _____

5 이 가게는 <u>무엇</u>인가요? (be, this store)

→ _____

t _____

d _____

b _____

B 주어진 단어를 알맞게 배열하세요.

1 한국의 대통령은 누구인가요? (is, the President of Korea, who)

→ _____

2 자동차에 있는 그 아이들은 누구인가요? (are, in the car, the kids, who)

→ _____

3 그의 연휴 계획은 무엇인가요? (is, for the holidays, his plan, what)

→ _____

4 문 앞에 있는 저것들은 무엇인가요? (are, in front of the door, those things, what)

→ _____

5 James 옆에 있는 소년은 누구인가요? (is, next to, the boy, James, who)

→ _____

p _____

p _____

h _____

영.작.탄.탄

A 우리말에 맞게 주어진 단어를 이용하여 문장을 완성하세요.

Who + is / are ~?

보기 1~5

your mother

the dancer with long hair

the young men in the playground

the people at the door

your favorite actor

1 너의 가장 좋아하는 연기자는 누구니?

→ _____

2 긴 머리를 가진 그 무용수는 누구인가요?

→ _____

3 운동장에 있는 그 젊은 남자들은 누구인가요?

→ _____

4 너의 엄마는 누구니?

→ _____

5 문가에 있는 그 사람들은 누구인가요?

→ _____

What + is / are ~?

보기 6~10

her homework

his phone number

your idea

their dreams

their names

6 그들의 이름은 무엇인가요?

→ _____

7 그녀의 숙제는 무엇인가요?

→ _____

8 그의 전화번호는 무엇인가요?

→ _____

9 너의 생각은 무엇이니?

→ _____

10 그들의 꿈은 무엇이니?

→ _____

Unit 02

who / what + do동사 + 주어

일반동사가 들어간 who(누구), what(무엇)의 의문문은
「Who/What + do[does] + 주어 + 동사원형 ~?」
그렇다면, '너는 무엇을 먹니?'는 What do you eat?

Who + do[does] + 주어 + 동사원형 ~?	~가 누구를 ~하나요? (단, 주어에 맞는 조동사 사용, who(m) = 목적어)

You like :....:.   너는 / 좋아한다 / (누구를)

→   Do you like :....:?   너는 / 좋아하니? / (누구를)

→   Who do you like?   누구를 / 너는 / 좋아하니? → I like Mary.   나는 / 좋아한다 / Mary를

What + do[does] + 주어 + 동사원형 ~?	~가 무엇을 ~하나요? (단, 주어에 맞는 조동사 사용, what = 목적어)

You like :....:.   너는 / 좋아한다 / (무엇을)

→   Do you like :....:?   너는 / 좋아하니? / (무엇을)

→   What do you like?   무엇을 / 너는 / 좋아하니? → I like pizza.   나는 / 좋아한다 / 피자를

Answers p.20

기.초.탄.탄

A 다음 중 알맞은 것을 고르세요.

1 Who (do / does) <u>he</u> remember?   누구를 / 그는 / 기억하니?

2 Who (do / does) <u>you</u> miss?   누구를 / 너는 / 그리워하니?

3 What (do / does) <u>she</u> buy?   무엇을 / 그녀는 / 사나요?

4 What (do / does) <u>they</u> see?   무엇을 / 그들은 / 보나요?

5 Who (do / does) <u>Cindy</u> like?   누구를 / Cindy는 / 좋아하나요?

130

A 우리말에 맞게 문장을 완성하세요.

★ 어휘 탄탄 ★

1 _____ does she need?

누구를 / 그녀는 / 필요하나요?

l ....

2 _____ does John look for?

무엇을 / John은 / 찾나요?

3 _____ do you talk with?

누구를 / 너는 / ~와 말하나요?

t ....

4 _____ do they throw?

무엇을 / 그들은 / 던지나요?

5 _____ do your parents sell?

무엇을 / 당신의 부모님은 / 파나요?

t ....

B 우리말에 알맞게 문장을 완성하세요.

1 _____ _____ we meet?

우리는 누구를 만나나요?

m ....

2 _____ _____ they borrow from you?

그들은 너에게 무엇을 빌리니?

3 _____ _____ the girl catch?

그 소녀는 무엇을 잡나요?

b ....

4 _____ _____ Jackson shout at?

Jackson은 누구에게 소리치나요?

5 _____ _____ she study with?

그녀는 누구와 함께 공부하나요?

s ....

실.력.탄.탄

A 주어진 문장의 밑줄 친 부분을 묻는 의문문으로 바꿔 쓰세요.

> **You drink juice.** 너는 주스를 마신다.
> → **What do you drink?** 너는 무엇을 마시니?

1 He takes <u>the umbrella</u>. 그는 그 우산을 챙긴다.

→ _____

2 They always forget <u>my name</u>. 그들은 항상 내 이름을 잊는다.

→ _____

3 He chooses <u>the pencil</u>. 그는 그 연필을 선택한다.

→ _____

4 The police officers know <u>my uncle.</u> 그 경찰관들은 나의 삼촌을 안다.

→ _____

5 Brad remembers <u>Jane.</u> Brad는 Jane을 기억한다.

→ _____

B 주어진 단어를 알맞게 배열하세요.

1 너는 누구를 믿니? (believe, do, you, who)

→ _____

2 그들은 누구를 돕니? (help, do, they, who)

→ _____

3 너의 어머니는 무엇을 들으시니? (listen to, does, your mother, what)

→ _____

4 그녀는 누구를 방문하나요? (visit, does, she, who)

→ _____

5 그 예술가는 무엇을 만드나요? (make, does, the artist, what)

→ _____

132

★ 어휘 탄탄 ★

u ....

f ....

p ....

l ....

v ....

a ....

영.작.탄.탄

A 우리말에 맞게 주어진 단어를 이용하여 문장을 완성하세요.

| Who | + | do / does | + | 주어 | + | 동사원형 | ~? |

보기 1~5

write about

call

draw

smile at

work with

1 너는 누구에게 전화하니?

→ _____

2 그 남자는 누구에게 미소 짓나요?

→ _____

3 그 학생들은 누구를 그리나요?

→ _____

4 그는 누구에 대해 글을 쓰나요?

→ _____

5 그들은 누구와 함께 일하나요?

→ _____

| What | + | do / does | + | 주어 | + | 동사원형 | ~? |

보기 6~10

read

cook for dinner

study

know about us

do

6 너는 무엇을 읽니?

→ _____

7 그 소년들은 무엇을 공부하나요?

→ _____

8 너의 아버지께서는 무엇을 하시니?

→ _____

9 그들은 저녁으로 무엇을 요리하나요?

→ _____

10 그녀의 오빠는 우리에 관해 무엇을 알고 있니?

→ _____

Unit 03

when / where + be동사 + 주어

be동사가 들어간 when(언제), where(어디서)의 의문문은
「When/Where + be동사 + 주어 ~?」
그렇다면, '그는 어디에 있니?'는 Where is he?

When + be동사 + 주어 ~?	~는 언제인가요?

New Year's Day is ⟨⟩. 설날은 / 이다 / (언제)

→ **Is New Year's Day** ⟨⟩? 인가요? / 설날은 / (언제)

→ **When is New Year's Day?** 언제 / 인가요? / 설날은 → **It is January 1st.** 이다 / 1월 1일

Where + be동사 + 주어 ~?	~가 어디에 있나요?

It is ⟨⟩. 그것은 / 있다 / (어디)

→ **Is it** ⟨⟩? 있나요? / 그것은 / (어디)

→ **Where is it ?** 어디에 / 있나요? / 그것은 → **It is in the box.** 그것은 / 있다 / 박스 안에

※ be동사는 주어의 수에 일치시킨다.

Answers p.21

기.초.탄.탄

A 다음 중 알맞은 것을 고르세요.

1 When (am / are / is) your birthday?　　　　언제 / 이니? / 너의 생일은

2 Where (am / are / is) the bags?　　　　어디에 / 있나요? / 그 가방들은

3 Where (am / are / is) I?　　　　어디에 / 있나요? / 나는

4 When (am / are / is) you going to bed?　　　　언제 / 갈 것인가요? / 잠자러

5 Where (am / are / is) your phone?　　　　어디에 / 있나요? / 당신의 전화는

134

A 우리말에 맞게 문장을 완성하세요.

★ 어휘 탄탄 ★

1 _____ are the students?

어디에 / 있나요? / 그 학생들은

s _____

2 _____ are my shoes?

어디에 / 있나요? / 나의 신발들은

s _____

3 _____ is Christmas?

언제 / 인가요? / 크리스마스는

4 _____ is the school picnic?

언제 / 인가요? / 학교 소풍은

p _____

5 _____ is your cat?

어디에 / 있나요? / 당신의 고양이는

B 우리말에 알맞게 문장을 완성하세요.

1 _____ _____ Children's Day?

어린이날은 언제인가요?

b _____

2 _____ _____ the buildings?

그 건물들은 어디에 있나요?

3 _____ _____ you going to leave Korea?

당신은 언제 한국을 떠날 것인가요?

l _____

4 _____ _____ the theater?

그 극장은 어디에 있나요?

5 _____ _____ the next meeting?

다음 모임은 언제인가요?

t _____

실.력.탄.탄

A 우리말에 맞게 주어진 단어를 이용하여 문장을 완성하세요. (단, be동사의 형태에 유의하세요.)

 Hint

> 나의 책들은 <u>어디</u>에 있나요? **(be, my books)**
> → **<u>Where are my books?</u>**

1 그의 수학 시험은 언제인가요? (be, his math test)

→ _____

2 너는 어디에 있니? (be, you)

→ _____

3 그녀의 교실은 어디에 있나요? (be, her classroom)

→ _____

4 Tom의 결혼식은 언제인가요? (be, Tom's wedding)

→ _____

5 미국에서 어머니날은 언제인가요? (be, Mother's Day in America)

→ _____

m ....

c ....

A ....

B 주어진 단어를 알맞게 배열하세요.

1 프랑스는 어디에 있나요? (is, France, where)

→ _____

2 그 병원들은 어디에 있나요? (are, the hospitals, where)

→ _____

3 그녀의 결혼식은 언제인가요? (is, her wedding, when)

→ _____

4 그 음악 콘서트는 언제인가요? (is, the music concert, when)

→ _____

5 파티를 위한 가장 좋은 시간은 언제인가요? (is, for the party, the best time, when)

→ _____

h ....

w ....

m ....

A 우리말에 맞게 보기에 주어진 단어를 이용하여 문장을 완성하세요.

When + is / are ~?

보기 1~5

the next vacation

your house warming party

the festival

the holidays in May

the last bus to Seoul

1 너의 집들이 파티는 언제니?

→ _____

2 다음 휴가는 언제인가요?

→ _____

3 5월에 휴일은 언제인가요?

→ _____

4 서울로 가는 마지막 버스는 언제 있나요?

→ _____

5 축제는 언제인가요?

→ _____

Where + is / are ~?

보기 6~10

the milk

the bathroom

her dog and cat

the stars in the sky

your parents

6 너의 부모님은 어디에 계시니?

→ _____

7 하늘에 별들이 어디에 있나요?

→ _____

8 그 우유는 어디에 있나요?

→ _____

9 화장실이 어디에 있나요?

→ _____

10 그녀의 개와 고양이는 어디에 있나요?

→ _____

Unit 04

when / where + do동사 + 주어

일반동사가 들어간 when(언제), where(어디서)의 의문문은
「When/Where + do[does] + 주어 + 동사원형 ~?」
그렇다면, '너는 언제 일어나니?'는 When do you get up?

When + do[does] + 주어 + 동사원형 ~?	~가 언제 ~하나요? (단, 주어에 맞는 조동사 사용)

You eat lunch ⸬.   너는 / 먹는다 / 점심을 / (언제)

→   Do you eat lunch ⸬?   너는 / 먹니? / 점심을 / (언제)

→ When do you eat lunch?   언제 / 너는 / 먹니? / 점심을   → I eat lunch at 12.   나는 / 먹는다 / 점심을 / 12시에

Where + do[does] + 주어 + 동사원형 ~?	~가 어디서/어디로 ~하나요? (단, 주어에 맞는 조동사 사용)

You eat lunch ⸬.   너는 / 먹는다 / 점심을 / 어디서

→   Do you eat lunch ⸬?   너는 / 먹니? / 점심을 / 어디서

→ Where do you eat lunch?   어디서 / 너는 / 먹니? / 점심을

→ I eat lunch at the school cafeteria.   나는 / 먹는다 / 점심을 / 그 식당에서

Answers p.22

기.초.탄.탄

A 다음 중 알맞은 것을 고르세요.

1 Where (do / does) you live?   어디서 / 너는 / 사니?

2 When (do / does) they leave here?   언제 / 그들은 / 떠나요? / 여기

3 When (do / does) she take the bus?   언제 / 그녀는 / 타나요? / 그 버스를

4 Where (do / does) James eat breakfast?   어디서 / James는 / 먹나요? / 아침을

5 When (do / does) the concert finish?   언제 / 그 콘서트는 / 끝나요?

A 우리말에 맞게 문장을 완성하세요.

★ 어휘 탄탄 ★

1 _____ do I wash my hands?

어디서 / 내가 / 씻나요? / 나의 손을

w _____

2 _____ does the class start?

언제 / 그 수업은 / 시작하나요?

h _____

3 _____ do you do your homework?

언제 / 너는 / 하니? / 너의 숙제를

4 _____ does the woman usually buy clothes?

어디서 / 그 여자는 / 대개 / 사나요? / 옷을

c _____

5 _____ do we have dinner?

어디서 / 우리는 / 먹나요? / 저녁을

B 우리말에 맞게 문장을 완성하세요.

1 _____ _____ I return this book?

내가 이 책을 어디에 반납해야 하나요?

r _____

2 _____ _____ he arrive?

그는 언제 도착하나요?

3 _____ _____ the movie start?

그 영화는 언제 시작하나요?

m _____

4 _____ _____ Mike change the uniform?

Mike는 어디에서 유니폼을 갈아입나요?

5 _____ _____ they talk on the phone?

그들은 언제 통화하나요?

u _____

실.력.탄.탄

A 주어진 의문사를 이용하여 의문문으로 바꾸세요.

Hint

> **We make the cake.** (when) 우리는 케이크를 만든다.
> → **When do we make the cake?** 우리는 언제 케이크를 만드나요?

1 They start the work. (when) 그들은 그 일을 시작한다.

→ _____

2 She keeps her ring. (where) 그녀는 자신의 반지를 보관한다.

→ _____

3 He sleeps. (where) 그는 잔다.

→ _____

4 The doctor opens the hospital. (when) 그 의사는 병원을 연다.

→ _____

5 I put this trash. (where) 나는 이 쓰레기를 놓는다.

→ _____

B 주어진 단어를 알맞게 배열하세요.

1 너는 너의 자동차를 어디에 주차하니? (do, park your car, you, where)

→ _____

2 Sue는 언제 자신의 숙제를 하나요? (does, Sue, do her homework, when)

→ _____

3 우리는 어디에서 그 영화를 보나요? (do, watch the movie, we, where)

→ _____

4 그 도서관은 언제 문을 닫나요? (does, close, the library, when)

→ _____

5 Kathy와 Jay는 어디에서 축구를 하나요? (do, Kathy and Jay, play soccer, where)

→ _____

★ 어휘 탄탄 ★

w ....

r ....

t ....

p ....

l ....

s ....

A 우리말에 맞게 주어진 단어를 이용하여 문장을 완성하세요.

| When | + | do / does | + | 주어 | + | 동사원형 | ~? |

1 너는 언제 공부하니?

→ _____

2 그들은 언제 일을 끝내니?

→ _____

3 우리는 언제 집에 가나요?

→ _____

4 그녀는 언제 운동하나요?

→ _____

5 나의 삼촌은 언제 여기에 오시나요?

→ _____

| Where | + | do / does | + | 주어 | + | 동사원형 | ~? |

6 Thomas는 어디서 일하나요?

→ _____

7 너는 대개 어디서 커피를 마시니?

→ _____

8 제가 이 잔을 어디에 두면 되나요?

→ _____

9 그 소녀는 어디에서 머무나요?

→ _____

10 나의 이모는 어디에 앉나요?

→ _____

Unit 05

why / how + be동사 / do동사 + 주어

why는 '왜?', how는 '어떻게?'라는 뜻이에요.
그렇다면, '너는 왜 여기 있니?'와 '너는 어떻게 학교에 가니?'는
영어로 어떻게 표현할까요?'

Why + be동사 + 주어 ~?	~가 왜 ~인가요?
Why + do[does] + 주어 + 동사원형 ~?	~가 왜 ~하나요?

Why are you here?
왜 / 있니? / 너는 / 여기에

Why do you work on Sunday?
왜 / 너는 / 일하니? / 일요일에

→ Because I want to help people.
왜냐하면 / 나는 / 도와주고 싶다 / 사람들을

How + be동사 + 주어 ~?	~가 어떻게/어떤 ~인가요?
How + do[does] + 주어 + 동사원형 ~?	~가 어떻게 ~하나요?

How is the new car?
어떤 / (인가요?) / 그 새 자동차는

How do they go to school?
어떻게 / 그들은 / 학교에 가나요?

→ They go to school by bus.
그들은 / 학교에 간다 / 버스를 타고

Answers p.22

기.초.탄.탄

A 다음 중 알맞은 것을 고르세요.

1 Why (am / are / is) <u>she</u> angry?
왜 / (인)가요? / 그녀는 / 화난

2 How (am / are / is) <u>you</u>?
어떤 / (이)니? / 너는

3 Why (am / are / is) <u>it</u> so dark here?
왜 / (인)가요? / 너무 어두운 / 여기

4 How (am / are / is) <u>their classes</u>?
어떤 / (인)가요? / 그들의 수업들은

5 How (am / are / is) <u>I</u> different from my father?
어떻게 / (인)가요? / 내가 / 다른 / 나의 아버지와

A 우리말에 맞게 문장을 완성하세요.

1 _____ do we call him?

왜 / 우리는 / 전화하나요? / 그에게

2 _____ do I open this can?

어떻게 / 내가 / 여나요? / 이 캔을

3 _____ do you read this in Korean?

어떻게 / 너는 / 읽니? / 이것을 / 한국어로

4 _____ do Mary and Jean wait for him?

왜 / Mary와 Jean은 / 기다리나요? / 그를

5 _____ do they look so happy?

왜 / 그들은 / 보이나요? / 매우 행복한

B 우리말에 알맞게 문장을 완성하세요.

1 _____ _____ you tell a lie?

너는 왜 거짓말을 하니?

2 _____ _____ the businessman come here?

그 사업가는 어떻게 여기에 오나요?

3 _____ _____ the airplane so late?

그 비행기가 왜 그렇게 늦나요?

4 _____ _____ your pets in the hospital?

병원에 있는 너의 애완동물들은 어떠니?

5 _____ _____ I here?

내가 왜 여기에 있지?

c _____

c _____

l _____

l _____

b _____

p _____

실.력.탄.탄

A 주어진 단어를 이용하여 의문문으로 바꾸세요.

> **I make the bread.** (how) 나는 그 빵을 만든다.
> → **How do I make the bread?** 제가 그 빵을 만드나요?

1 They visit their aunt. (why) 그들은 자신의 이모를 방문한다.

→ _____

2 Eric is very surprised. (why) Eric은 매우 놀랐다.

→ _____

3 He knows her name. (how) 그는 그녀의 이름을 안다.

→ _____

4 You speak Chinese so well. (how) 너는 중국어를 매우 잘 말한다.

→ _____

5 The tests are so difficult. (why) 그 시험들은 매우 어렵다.

→ _____

B 주어진 단어를 알맞게 배열하세요.

1 제가 그 닭을 어떻게 요리하나요? (do, cook, I, how, the chicken)

→ _____

2 그 여자들은 왜 서두르나요? (are, in a hurry, the women, why)

→ _____

3 그녀는 어떻게 건강을 유지하나요? (does, she, stay healthy, how)

→ _____

4 그 개는 왜 저렇게 소란한가요? (is, so noisy, the dog, why)

→ _____

5 새들은 어떻게 저렇게 높이 나나요? (do, fly, birds, so high, how)

→ _____

a ....

s ....

d ....

c ....

h ....

n ....

영.작.탄.탄

A 주어진 단어를 이용하여 문장을 완성하세요.

> **How / Why** + **is / are** ~?

보기 1~5

angry

in the new Italian restaurant

so busy

so tired

his front teeth

1 그는 왜 화났나요?

→ _____

2 그 새로운 이탈리아 식당의 피자는 어떤가요? (the pizza)

→ _____

3 그 간호사들은 왜 매우 바쁜가요? (the nurse)

→ _____

4 그의 앞니들은 어떤가요?

→ _____

5 그들은 왜 매우 피곤한가요?

→ _____

> **How / Why** + **do / does** + **주어** + **동사원형** ~?

보기 6~10

speak so fast

learn English

need the money

sell those strawberries

use these chopsticks

6 이 젓가락들을 제가 어떻게 사용하나요?

→ _____

7 그녀는 왜 영어를 배우나요?

→ _____

8 너는 왜 그 돈이 필요하니?

→ _____

9 그들은 어떻게 저 딸기를 파나요?

→ _____

10 그는 어떻게 그렇게 빨리 말을 하나요?

→ _____

Unit 06

how many / much / often

how 뒤에 형용사나 부사를 붙이면 '얼마나'라는 의미로 쓰여요.
그렇다면, '얼마나 많이 자니?'는 How much do you sleep?

How many + 셀 수 있는 명사의 복수	얼마나 많은 수의

How many students **are** there? 얼마나 많은 수의 / 학생들이 / 있나요?

How many apples **do** we **have**? 얼마나 많은 수의 / 사과들을 / 우리가 / 갖고 있나요?

How much + 셀 수 없는 명사	얼마나 많은 양의

How much water **is** there in the glass? 얼마나 많은 양의 / 물이 / 있나요? / 그 잔 안에

How much coffee **does** he **drink** a day? 얼마나 많은 양의 / 커피를 / 그는 / 마시니? / 하루에

How often + be동사/do[does]	얼마나 자주

How often **is** your dog alone at home? 얼마나 자주 / 있니? / 너의 개는 / 혼자 / 집에

How often **do** you **exercise** every week? 얼마나 자주 / 너는 / 운동하니? / 일주일에

Answers p.23

기.초.탄.탄

A 다음 중 알맞은 것을 고르세요.

1 How <u>many</u> (an apple/ apples) are there?   얼마나 많은 / 사과들이 / 있나요?

2 How <u>much</u> (juice / juices) is there in the bottle?   얼마나 많은 / 주스가 / 있나요? / 병 안에

3 How <u>much</u> (money / moneys) is there in the wallet?   얼마나 많은 / 돈이 / 있나요? / 그 지갑에

4 How <u>many</u> (child /children) does she teach?   얼마나 많은 / 아이들을 / 그녀는 / 가르치나요?

5 How <u>many</u> (an hour / hours) do you sleep?   얼마나 많은 / 시간을 / 너는 / 자니?

146

기.본.탄.탄

A 우리말에 맞게 문장을 완성하세요.

★ 어휘 탄탄 ★

1 _____ _____ classes do you have a week?

얼마나 많은 (수의) / 수업들을 / 너는 / 가지니? / 일주일에

2 _____ _____ does the bus come?

얼마나 자주 / 그 버스는 / 오나요?

f
_____

3 _____ _____ flour do you need for the cake?

얼마나 많은 (양의) / 밀가루가 / 너는 / 필요하니? / 케이크를 위해

c
_____

4 _____ _____ does the dog take a walk?

얼마나 자주 / 그 개는 / 산책을 하나요?

5 _____ _____ flowers does she sell?

얼마나 많은 (수의) / 꽃들을 / 그녀는 / 파나요?

s
_____

B 우리말에 맞게 문장을 완성하세요.

1 _____ _____ days _____ she stay there?

그녀는 얼마나 많은 날들을 거기서 머무나요?

2 _____ _____ blood _____ we have in our bodies?

우리는 얼마나 많은 혈액을 몸에 갖고 있나요?

b
_____

3 _____ _____ _____ you call your grandmother?

당신은 얼마나 자주 당신의 할머니께 전화합니까?

g
_____

4 _____ _____ oil _____ his car use a month?

그의 자동차는 한 달에 얼마나 많은 기름을 사용하나요?

5 _____ _____ he take a shower?

그는 얼마나 자주 샤워를 하나요?

o
_____

실.력.탄.탄

A 주어진 단어를 이용하여 의문문으로 바꾸세요.

> **Hint**
>
> **You go to church.** (how often) 너는 교회에 간다.
>
> → **How often do you go to church?** 너는 얼마나 자주 교회에 가니?

1 There are kiwis in the basket. (how many) 바구니에 키위들이 있다.

→ _____

2 They go to the theater. (how often) 그들은 극장에 간다.

→ _____

3 She has brothers. (how many) 그녀는 남자형제들이 있다.

→ _____

4 Cathy needs sugar for the jam. (how much) Cathy는 잼을 위한 설탕이 필요하다.

→ _____

5 There is milk in the glass. (how much) 그 잔에 우유가 있다.

→ _____

k ....

s ....

j ....

B 주어진 단어를 알맞게 배열하세요.

1 문어들은 얼마나 많은 다리가 있나요? (have, do, legs, octopuses, how many)

→ _____

2 너는 얼마나 많은 양의 소금을 수프에 넣니? (put, do, salt, you, in your soup, how much)

→ _____

3 너의 아빠는 얼마나 자주 그 약을 드시니? (take the medicine, does, your dad, how often)

→ _____

4 그는 얼마나 자주 도서관에 있나요? (at the library, is, how often, he)

→ _____

5 그녀는 얼마나 많은 가방들을 사나요? (buy, does, she, bags, how many)

→ _____

o ....

s ....

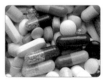

m ....

영.작.탄.탄

A 우리말에 맞게 주어진 단어를 이용하여 문장을 완성하세요.

How many / much ＋ 명사 ＋ be동사 / 조동사 ～?

보기 1~5

in the balloon

in the plastic bag

Japanese

in his family

a day

1 그의 가족은 얼마나 많은 자매들이 있나요? (sisters, there)

→ _____

2 그 풍선에는 얼마나 많은 공기가 있나요? (air, there)

→ _____

3 당신은 얼마나 많은 양파를 그 비닐봉투에 갖고 있나요? (onions, have)

→ _____

4 그녀는 하루에 얼마나 많은 시간 동안 일본어를 공부하나요? (hours a day, study)

→ _____

5 낙타들은 하루에 얼마나 많은 물을 마시나요? (water, camels, drink)

→ _____

How often ＋ be동사 / 조동사 ～?

보기 6~10

absent

late for school

watch movies a month

have a party

brush your teeth

6 너의 가족은 얼마나 자주 파티를 여니?

→ _____

7 당신은 얼마나 자주 이를 닦나요?

→ _____

8 그는 얼마나 자주 학교에 지각하나요?

→ _____

9 June과 Luke는 얼마나 자주 영화를 보나요?

→ _____

10 그들은 얼마나 자주 결석하나요?

→ _____

응.용.탄.탄

A 코드표를 보고 알맞은 단어를 찾아 문장을 완성하세요.

■	□	▪	▤	▥	▦	▧	▨	▩	▲	△	▶	▼
A	B	C	D	E	F	G	H	I	J	K	L	M
▽	◆	◇	◈	○	◎	●	◐	◑	★	♠	♣	♡
N	O	P	Q	R	S	T	U	V	W	X	Y	Z

1 ★▨■● ▩◎ your favorite fruit?

→ _____

2 ★▨◆ ▩◎ your best friend?

→ _____

3 ★▨▥○▥ ▤◆ we go?

→ _____

B 의문사를 이용하여 문장과 퍼즐을 완성하세요.

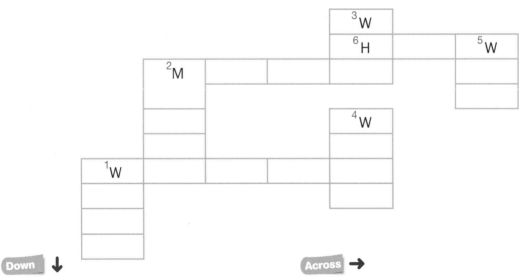

Down ↓

1 _____ does he draw?

2 How _____ juice does she drink?

3 _____ do they fight?

4 _____ does the library close?

5 _____ do you call?

Across →

1 _____ is the school?

2 How _____ books do you read?

6 _____ do I open this can?

Chapter

8

문장의 종류

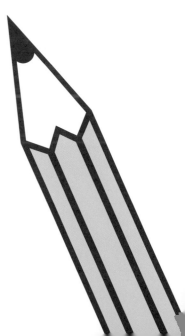

Unit 01 명령문

명령문: (Don't +) 동사원형 ~.
그렇다면, '가지 마'는 Don't go?

Be quiet in the library. 조용히 해라 / 도서관에서

Turn on the light. 켜라 / 불[전등]을

Don't be late again. 늦지 마라 / 다시

긍정 명령문과 부정 명령문

긍정 명령문	동사원형 ~.	~해라(주어 you를 생략하고 동사원형으로 시작)
부정 명령문	Don't + 동사원형 ~.	~하지 마라

※ 명령문은 듣는 사람(you)에게 어떤 행동을 하거나 하지 말라고 요구하는 문장을 말한다.

Answers p.24

기.초.탄.탄

A 다음 중 알맞은 것을 고르세요.

1 (Are / Be) quiet in the movie theater. 조용히 해라 / 영화관에서

2 (Open / Opens) the window. 열어라 / 그 창문을

3 (Go / Going) straight slowly. 가라 / 곧장 / 천천히

4 (Cleans / Clean) your room now. 청소해라 / 너의 방을 / 지금

5 (Be / Is) careful, Andy. 조심해라 / Andy야

6 (Am / Be) honest with your mother. 정직해라 / 너의 어머니에게

152

A 보기에 주어진 단어를 이용하여 문장을 완성하세요.

1 _____ your seat belt.

착용해라 / 당신의 안전띠를

2 _____ off your phone before the class.

꺼라 / 너의 전화기를 / 수업 전에

3 _____ kind to your brother.

상냥해라 / 너의 남동생에게

4 _____ your hands before cooking.

씻어라 / 너의 손을 / 요리하기 전에

5 _____ in your seat.

머물러 있어라 / 너의 좌석에

보기
wash
be
stay
turn
fasten

B 우리말에 맞게 주어진 단어를 이용하여 문장을 완성하세요.

1 _____ _____ with your friends.

너의 친구들과 싸우지 마라.

2 _____ _____ like a fool.

바보같이 행동하지 마라.

3 _____ _____ the piano at night.

밤에 피아노를 연주하지 마라.

4 _____ _____ noisy in the classroom.

교실에서 떠들지 마라.

5 _____ _____ too far.

너무 멀리 수영하지 마라.

보기
fight
play
act
swim
be

실.력.탄.탄

A 우리말에 맞게 주어진 단어를 이용하여 문장을 완성하세요. (단, 상황에 따라 don't를 추가하세요.)

> **Your room is very dirty.** 너의 방이 너무 지저분하다.
>
> → <u>Clean</u> your room now. (clean) 지금 너의 방을 청소해라.

1 This coffee is very hot. 이 커피는 매우 뜨겁다.

→ _____ it too fast. (drink) 그것을 너무 빨리 마시지 마라.

2 The TV is so noisy. 텔레비전이 너무 시끄럽다.

→ _____ the volume. (turn down) 음량을 낮춰라.

3 The paint is still wet. 페인트가 아직 축축하다.

→ _____ the wall. (touch) 벽을 만지지 마라.

4 There are many people in the park today. 오늘 공원에 사람들이 많다.

→ _____ your kids alone. (leave) 너의 아이들을 혼자 남겨두지 마라.

5 It is going to rain today. 오늘 비가 내릴 것이다.

→ _____ an umbrella with you. (take) 우산을 챙겨라.

B 주어진 단어를 알맞게 배열하세요.

1 매일 운동해라. (exercise, day, every)

→ _____

2 너무 빨리 운전하지 마라. (drive, too, fast, don't)

→ _____

3 너의 부모님의 말씀을 잘 들어라. (listen, your, to, parents)

→ _____

4 같은 실수를 또 하지 마라. (make, the same, mistake, don't, again)

→ _____

5 책상 위에 앉지 마라. (sit, on, don't, the desk)

→ _____

★ 어휘 탄탄 ★

w _____

p _____

k _____

e _____

p _____

d _____

154

영.작.탄.탄

A 우리말에 맞게 주어진 단어를 이용하여 문장을 완성하세요.

보기 1~5

brave

for cars

the door

your homework now

your money wisely

동사원형	~.

1 용감해라. (be)

→ _____

2 너의 돈을 현명하게 사용해라. (use)

→ _____

3 자동차를 조심해라. (watch out)

→ _____

4 지금 숙제를 해라. (do)

→ _____

5 문을 닫아라. (close)

→ _____

보기 6~10

shoes in the room

loudly

the comic book

shy

your bag

Don't + 동사원형 ~.

6 수줍어하지 마라. (be)

→ _____

7 크게 말하지 마라. (speak)

→ _____

8 너의 가방을 잊지 마라. (forget)

→ _____

9 방에서는 신발을 신지 마라. (wear)

→ _____

10 그 만화책을 읽지 마라. (read)

→ _____

Unit 02 제안문 (Let's ~ / Let's not ~)

제안문: **Let's (not) + 동사원형 ~.**
그렇다면, '조용히 하자'는? **Let's be quiet!**

Let's meet **at the park.**　　　만나자 / 공원에서

Let's be **careful in the pool.**　　조심하자 / 수영장에서

Let's not eat **fast food.**　　　먹지 말자 / 패스트푸드를

제안문

Let's + 동사원형 ~.	~하자
Let's not + 동사원형 ~.	~하지 말자

※ 제안문은 상대방에게 어떤 행동을 하거나 하지 말자고 권유하거나 제안하는 문장이다.

Answers p.25

기.초.탄.탄

A 다음 중 알맞은 것을 고르세요.

1 (Let's / Lets) take a walk.　　　　　　　　　산책하자

2 (Let have / Let's have) a cup of tea.　　　　　마시자 / 한 잔의 차를

3 (Let's not / Let's no) talk about it.　　　　　말하지 말자 / 그것에 대해서

4 (Let's watch not / Let's not watch) TV.　　　보지 말자 / TV를

5 (Let not / Let's not) listen to the radio.　　　듣지 말자 / 라디오를

6 (Let / Let's) play badminton after lunch.　　배드민턴을 하자 / 점심 식사 후에

A 우리말에 맞게 주어진 단어를 이용하여 문장을 완성하세요.

보기
go
wash
take
swim
read

1 _____ _____ in the lake.

수영하자 / 호수에서

2 _____ _____ to the movies.

가자 / 영화 보러

3 _____ _____ the dishes.

설거지하자 / 접시들을

4 _____ _____ a book.

읽자 / 책을

5 _____ _____ the train.

타자 / 기차를

B 우리말에 맞게 주어진 단어를 이용하여 문장을 완성하세요.

보기
cross
have
leave
buy
ride

1 _____ _____ _____ a bike there.

거기서 자전거를 타지 말자.

2 _____ _____ _____ lunch now.

지금 점심을 먹지 말자.

3 _____ _____ _____ the street here.

여기서 길을 건너지 말자.

4 _____ _____ _____ any food on the plate.

접시에 조금의 음식도 남기지 말자.

5 _____ _____ _____ the pizza.

그 피자를 사지 말자.

A 주어진 말을 이용하여 상황에 알맞게 문장을 완성하세요.(단, 필요하면 not을 쓰세요.)

> **It's late evening.** 늑은 저녁이다.
> → **Let's go home now.** (go home now) 이제 집에 가자.
> → **Let's not play more games.** (play more games) 게임을 더하지 말자.

1 The baby is sleeping now. 그 아기가 지금 자고 있다.

→ _____ (make a noise)

n ....

2 He is very sick. 그는 매우 아프다.

→ _____ (take him to the doctor)

h ....

3 She looks very busy. 그녀는 매우 바빠 보인다.

→ _____ (stay long at her place)

h ....

4 We are not healthy. 우리는 건강하지 않다.

→ _____ (eat too much fried food)

5 The test will be very hard. 그 시험은 매우 어려울 것이다.

→ _____ (study more)

B 주어진 단어를 알맞게 배열하세요.

1 드럼을 연주하자. (play, the drums, let's)

→ _____

d ....

2 내일을 걱정하지 말자. (worry, about tomorrow, not, let's)

→ _____

3 그 의자를 고치자. (fix, the chair, let's)

→ _____

w ....

4 너의 엄마를 깨우지 말자. (wake, mother, your, not, let's)

→ _____

w ....

5 선생님과 얘기해 보자. (to, the teacher, talk, let's)

→ _____

A 우리말에 맞게 주어진 단어를 이용하여 문장을 완성하세요.

| Let's | + | 동사원형 | ~. |

보기 1~5

dance together

go shopping

catch the bug

take a rest

play hide-and-seek

1 쇼핑하러 가자.

→ _____

2 숨바꼭질하자.

→ _____

3 함께 춤추자.

→ _____

4 휴식을 하자.

→ _____

5 그 벌레를 잡자.

→ _____

| Let's | + | not | + | 동사원형 | ~. |

보기 6~10

be late for school

wait for him

tell her the story

give up

buy too much meat

6 너무 많은 고기를 사지 말자.

→ _____

7 포기하지 말자.

→ _____

8 그를 기다리지 말자.

→ _____

9 학교에 늦지 말자.

→ _____

10 그 이야기를 그녀에게 하지 말자.

→ _____

Unit 03

There is / are

There is/are: ~(들)이 있다
그렇다면 '고양이들이 있다.'는 'There are cats.'일까?

A pen is **on the table.**   →   There is a pen **on the table.**

하나의 펜이 / 있다 / 테이블 위에   있다 / 하나의 펜이 / 테이블 위에

Some pens are **on the table.**   →   There are some pens **on the table.**

몇 개의 펜이 / 있다 / 테이블 위에   있다 / 몇 개의 펜이 / 테이블 위에

긍정문	There is + 단수/셀 수 없는 명사 There are + 복수명사	**There is** a bike outside. 밖에 자전거가 한 대 있다. **There are** many bikes outside. 밖에 많은 자전거가 있다.
부정문	There is/are + not	There **is not[isn't]** a dog under the tree. 나무 밑에 개 한 마리가 없다. There **are not[aren't]** dogs under the tree. 나무 밑에 개들이 없다.
의문문	A: Is/Are there ~? B: Yes, there is/are. No, there isn't/aren't.	A: **Is there** a cup in the sink? 싱크대에 컵 하나가 있나요? B: Yes, **there is**. 네, 있어요. / No, **there isn't**. 아니요, 없어요. A: **Are there** chopsticks in the sink? 싱크대에 젓가락들이 있나요? B: Yes, **there are**. 네, 있어요. / No, **there aren't**. 아니요, 없어요.

※ 장소 부사로 쓰인 there는 '거기, 그곳에'라고 해석하지만, '~(들)이 있다(there is/are)'라는 의미로 쓰인 there는 '그곳에'라고 해석하지 않는다.

Answers p.25

기.초.탄.탄

A 다음 중 알맞은 것을 고르세요.

1 There (is / are) <u>princesses</u> in the castle.   있다 / 공주들이 / 성 안에

2 There (is / are) <u>a building</u> near the post office.   있다 / 건물이 / 우체국 근처에

3 There (is / are) <u>two cows</u> on the farm.   있다 / 두 마리의 소가 / 농장에

4 There (is / are) <u>a pretty girl</u> in the playground.   있다 / 한 예쁜 소녀가 / 놀이터에

5 There (is / are) <u>some water</u> in the glass.   있다 / 약간의 물이 / 그 잔 안에

기.본.탄.탄

A 우리말에 맞게 문장을 완성하세요.

1 _____ _____ some bread in the bakery.

있다 / 약간의 빵이 / 그 제과점에

2 _____ _____ three boats on the lake.

있다 / 세 척의 배가 / 호수에

3 _____ _____ many airplanes at the airport.

있다 / 많은 비행기들이 / 공항에

4 _____ _____ a pink dress in the closet.

있다 / 한 벌의 분홍색 드레스가 / 옷장에

5 _____ _____ a ruler on the desk.

있다 / 한 개의 자가 / 책상 위에

b

a

c

B 주어진 문장을 부정문으로 바꾸세요.

1 There is a pillow on the bed. 침대에 한 베개가 있다.

→ _____ a pillow on the bed.

2 There are bees in the garden. 정원에 벌들이 있다.

→ _____ any bees in the garden.

3 There is a hamster in the box. 상자 안에 한 마리의 햄스터가 있다.

→ _____ a hamster in the box.

4 There are five turtles under the sea. 바다 밑에 다섯 마리의 거북이가 있다.

→ _____ five turtles under the sea.

5 There are many pictures in the museum. 박물관에는 많은 그림이 있다.

→ _____ many pictures in the museum.

p

g

h

A 주어진 문장을 의문문으로 바꾸세요.

> **There are many holidays in August.** 8월에는 많은 휴일들이 있다.
> → **Are there many holidays in August?** 8월에는 휴일이 많나요?

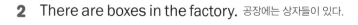

1 There is soap in the bathtub. 욕조에 비누가 있다.

→ _____

s ....

2 There are boxes in the factory. 공장에는 상자들이 있다.

→ _____

f ....

3 There is a girl in the tent. 텐트 안에 한 소녀가 있다.

→ _____

r ....

4 There are robots in the rocket. 로켓 안에 로봇들이 있다.

→ _____

5 There are two clocks in my room. 내 방에는 두 개의 시계가 있다.

→ _____

B 주어진 단어를 알맞게 배열하세요.

1 도서관에는 많은 책들이 있다. (are, many books, in the library, there)

→ _____

l ....

2 그 축제에 재미있는 행사가 있나요? (are, fun events, in the festival, there)

→ _____

3 그 병에는 물이 전혀 없다. (is, not, in the bottle, any water, there)

→ _____

f ....

4 냉장고에 한 개의 오렌지가 있나요? (is, an orange, in the refrigerator, there)

→ _____

5 이 연못에는 많은 물고기가 없다. (aren't, in this pond, fish, a lot of, there)

→ _____

r ....

영.작.탄.탄

A 우리말에 맞게 주어진 단어를 이용하여 문장을 완성하세요.

> **There** + **is/are**

1 테이블 위에는 한 잔의 커피가 있다.

→ _____

2 서울에는 몇 개의 산들이 있다.

→ _____

3 내 주머니에는 동전이 하나 있다.

→ _____

4 나의 정원에는 많은 나무가 있다.

→ _____

보기 1~4

lots of trees in my garden

a cup of coffee on the table

a few mountains in Seoul

a coin in my pocket

> **There** + **isn't/aren't**

5 그 꽃병에는 장미가 많지 않다.

→ _____

6 나의 집 주변에는 언덕이 전혀 없다.

→ _____

7 그 가게에는 한 병의 우유도 없다.

→ _____

보기 5~7

any hills around my house

many roses in the vase

a bottle of milk in the store

> **Is/Are** + **there** ~?

8 소파 위에 책들이 있나요?

→ _____

9 그 문장에 문제가 있나요?

→ _____

10 그 학교에는 수영장이 있나요?

→ _____

보기 8~10

any books on the sofa

any problem in the sentence

a swimming pool at school

A 퍼즐에 숨겨진 단어를 찾아 그림에 맞게 문장을 완성하세요.

1

H	S	W	I	M	X	E	R
I	R	I	O	Y	L	Q	E
T	T	B	E	H	E	R	A
F	E	C	T	E	N	R	T
F	A	S	T	E	N	G	K
I	P	S	C	S	I	U	E
R	U	C	X	T	A	K	E
K	E	E	P	U	Z	E	R

4

5

2

3

6

1 _____ quiet.

2 Don't _____ here.

3 _____ off the grass.

4 Don't _____ here.

5 _____ your seat belt.

6 Don't _____ a picture.

B 그림을 보고 알맞은 단어를 골라 문장을 완성하세요.

1

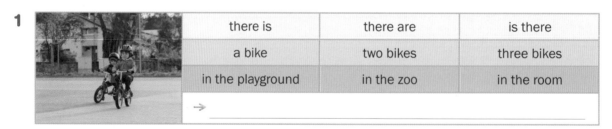

there is	there are	is there
a bike	two bikes	three bikes
in the playground	in the zoo	in the room
→ _____		

2

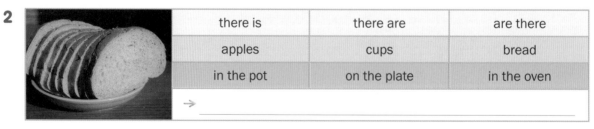

there is	there are	are there
apples	cups	bread
in the pot	on the plate	in the oven
→ _____		

3

is there	are there	there aren't
juice	milk	jam
in the sink	in the refrigerator	on the desk
→ _____		

창의력 향상
워크북

A [1-5] 우리말에 알맞은 단어를 찾아 문장을 완성하세요.

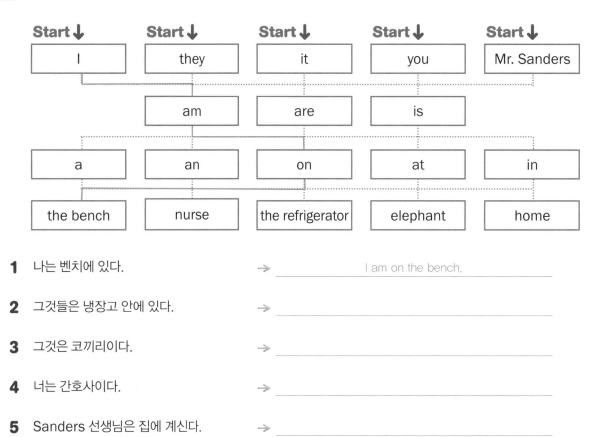

Start↓	Start↓	Start↓	Start↓	Start↓
I	they	it	you	Mr. Sanders
	am	are	is	
a	an	on	at	in
the bench	nurse	the refrigerator	elephant	home

1 나는 벤치에 있다.   → I am on the bench.

2 그것들은 냉장고 안에 있다.   → _____

3 그것은 코끼리이다.   → _____

4 너는 간호사이다.   → _____

5 Sanders 선생님은 집에 계신다.   → _____

B [6-10] 우리말에 맞도록 모든 문장을 완성하고 보드게임을 통해 답을 점검하세요.

6 그는 경찰관이다.
→ He i s a police officer. (be)
     ★

7 나는 선생님이다.
→ I ___ a teacher. (be)
   ♀

8 우리는 친구들이다.
→ We _____ friends. (be)
        ♨

9 나의 아빠는 바쁘시다.
→ My dad ___ busy. (be)
        ♠

10 그들은 화장실에 있다.
→ They _____ in the bathroom. (be)
        ☎

Start↓

★의 답이 s이면 ⇨ 우로 이동 m이면 ⇨ ♨로 이동	☎ 꽝! 답이 틀렸어요!	♨의 답이 e이면 ⇨ ♠로 이동 s이면 ⇨ ◈로 이동
♡ 꽝! 답이 틀렸어요!	♀ a이면 ⇨ ♨로 이동 i이면 ⇨ ♡로 이동	♠ a이면 ⇨ ♡로 이동 i이면 ⇨ ☎로 이동
☎ i이면 ⇨ ◈로 이동 a이면 ⇨ ♫로 이동	♧ 꽝! 답이 틀렸어요!	♫ 축하합니다. Good job!

A [1-5] 우리말에 알맞은 단어를 찾아 문장을 완성하세요.

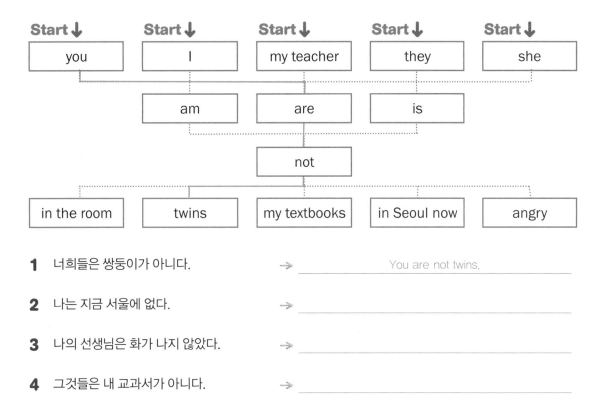

Start↓ you
Start↓ I
Start↓ my teacher
Start↓ they
Start↓ she

am   are   is

not

in the room   twins   my textbooks   in Seoul now   angry

1 너희들은 쌍둥이가 아니다.   →   You are not twins.

2 나는 지금 서울에 없다.   →   _____

3 나의 선생님은 화가 나지 않았다.   →   _____

4 그것들은 내 교과서가 아니다.   →   _____

5 그녀는 방에 없다.   →   _____

B [6-9] 문장에서 밑줄 친 부분을 바르게 고친 뒤 암호를 해독하세요.

6 <u>Not I am</u> thirsty.

7 Tom and Jim <u>not are</u> at home.

8 <u>Are you not</u> Sally.

9 <u>Is not it</u> heavy.

6 → I a m n o t

7 → ___ ___ ___ ___
　　　　　♡

8 → ___ ___ ___ ___ ___
　　　　　♧

9 → ___ ___ ___ ___ ___ ___ ___
　　　★

※ be동사의 부정문 = be동사 + _____
　　　　　　　　　　　　　　　♡ ♧ ★

A **[1-5]** 우리말에 알맞은 단어를 찾아 문장을 완성하세요.

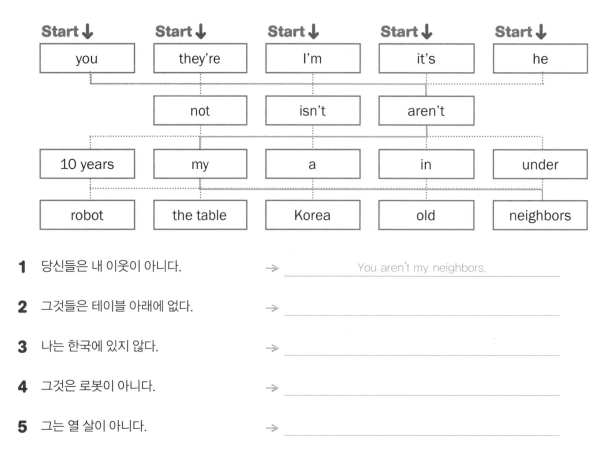

Start ↓	Start ↓	Start ↓	Start ↓	Start ↓
you	they're	I'm	it's	he
	not	isn't	aren't	
10 years	my	a	in	under
robot	the table	Korea	old	neighbors

1 당신들은 내 이웃이 아니다. → <u>You aren't my neighbors.</u>

2 그것들은 테이블 아래에 없다. → _____

3 나는 한국에 있지 않다. → _____

4 그것은 로봇이 아니다. → _____

5 그는 열 살이 아니다. → _____

B **[6-10]** 주어진 단어를 이용하여 문장을 완성한 후 답으로 피라미드를 만드세요.
(Hint- 피라미드가 내려갈수록 답의 길이는 늘어나야 해요.)

6 나는 매우 똑똑하다.
→ <u>   I'm   </u> very smart. (be)

7 그는 나의 삼촌이 아니다.
→ _____ not my uncle. (be)

8 그녀는 아름답지 않다.
→ She _____ beautiful. (be)

9 우리는 지루하지 않다.
→ We _____ bored. (be)

10 그것들은 흰색고양이가 아니다.
→ _____ not white cats. (be)

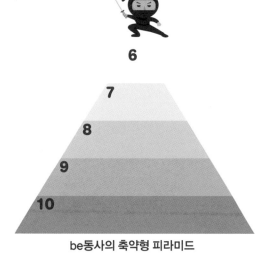

be동사의 축약형 피라미드

Chapter 1 Unit 4 be동사의 의문문   **정.리.탄.탄**

A [1-5] 우리말에 알맞은 단어를 찾아 문장을 완성하세요.

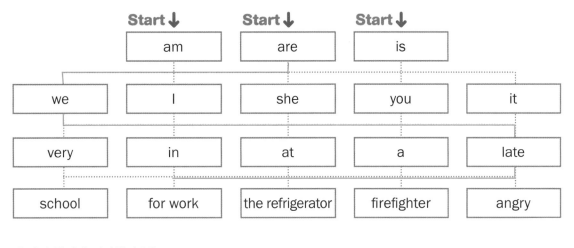

1 우리가 회사에 지각했나요?   →   Are we late for work?

2 제가 소방관인가요?   →   _____

3 그녀는 매우 화가 나 있나요?   →   _____

4 당신은 학교에 있나요?   →   _____

5 그것은 냉장고에 있나요?   →   _____

B [6-10] 우리말에 맞도록 모든 문장을 완성하고 보드게임을 통해 답을 점검하세요.

6 그것들은 바나나인가요?

→ A r e they bananas? (be)
　　♡

7 Mike는 키가 큰가요?

→ ___ Mike tall? (be)
　　★

8 너는 바쁘니?

→ ____ ____ busy? (be)
　　　◆

9 제가 틀렸나요?

→ ___ ___ wrong? (be)
　　♣

10 그는 화장실에 있나요?

→ ___ ___ in the bathroom? (be)
　　♨

Start ↓

♡의 답이 r이면 ⇨ ☎로 이동 e이면 ⇨ ★로 이동	★ s이면 ⇨ ◆로 이동 m이면 ⇨ 우로 이동	♣ s이면 ⇨ ♠로 이동 m이면 ⇨ ♨로 이동
♨ e이면 ⇨ ♫로 이동 s이면 ⇨ ♠로 이동	♀ 꽝! 답이 틀렸어요!	♠ 꽝! 답이 틀렸어요!
☎ 꽝! 답이 틀렸어요!	◆ y이면 ⇨ ♀로 이동 a이면 ⇨ ♫로 이동	♫ **축하합니다.** Good job!

A [1-5] 우리말에 알맞은 단어를 찾아 문장을 완성하세요.

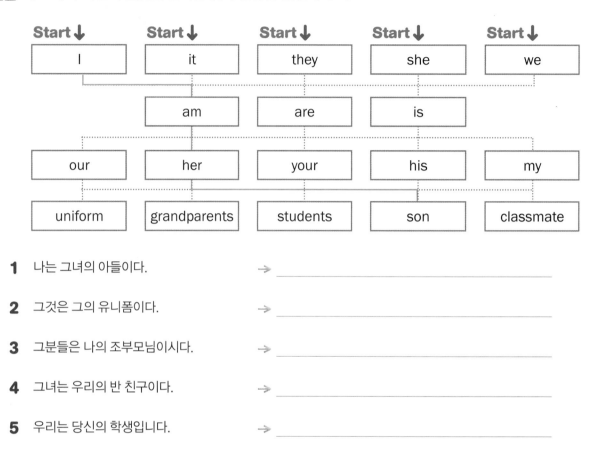

Start↓	Start↓	Start↓	Start↓	Start↓
I	it	they	she	we
	am	are	is	
our	her	your	his	my
uniform	grandparents	students	son	classmate

1 나는 그녀의 아들이다. →＿＿＿＿＿＿＿＿

2 그것은 그의 유니폼이다. →＿＿＿＿＿＿＿＿

3 그분들은 나의 조부모님이시다. →＿＿＿＿＿＿＿＿

4 그녀는 우리의 반 친구이다. →＿＿＿＿＿＿＿＿

5 우리는 당신의 학생입니다. →＿＿＿＿＿＿＿＿

B [6-10] 우리말에 맞게 문장을 완성한 후 답으로 피라미드를 만드세요.
(Hint- 피라미드가 내려갈수록 답의 길이는 같거나 늘어나야 해요.)

6 나의 남동생과 나는 공원에 있다.

→ My brother and ＿＿＿＿ are in the park.

7 우리는 그들의 집에 있다.

→ ＿＿＿＿ are in their house.

8 그것의 털은 매우 부드럽다.

→ ＿＿＿＿ fur very soft.

9 우리의 앨범은 너의 책상 위에 있다.

→ Our albums are on ＿＿＿＿ desk.

10 그들의 이웃은 매우 따뜻하고 친절하다.

→ ＿＿＿＿ neighbors are very warm and kind.

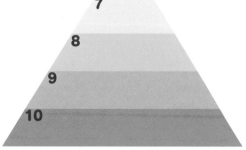

인칭대명사의 주격/소유격 피라미드

A **[1-5]** 우리말에 알맞은 단어를 찾아 문장을 완성하세요.

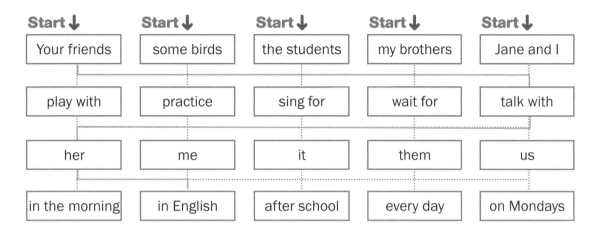

Start ↓	Start ↓	Start ↓	Start ↓	Start ↓
Your friends	some birds	the students	my brothers	Jane and I
play with	practice	sing for	wait for	talk with
her	me	it	them	us
in the morning	in English	after school	every day	on Mondays

1 너의 친구들은 그녀와 영어로 이야기한다. → _____

2 어떤 새들은 아침에 우리를 위해 노래한다. → _____

3 그 학생들은 월요일마다 그것을 연습한다. → _____

4 나의 형들은 방과 후에 나와 함께 논다. → _____

5 Jane과 나는 매일 그들은 기다린다. → _____

B **[6-9]** 문장에서 밑줄 친 부분을 바르게 고친 뒤 암호를 해독하세요.

6 The teachers believe <u>your</u>.

7 Your grandparents know <u>I</u>.

8 His children like <u>its</u>.

9 The police officers look for <u>she</u>.

6 → _ _ _ _

7 → _ _ _
     ♡

8 → _ _
     ♠ ♣

9 → _ _
     ♨ 우

※ 인칭대명사의 목적격
 = I → me, he → _ _ _ ,
                ♨ ♠ ♡

   they → _ _ _ _
          ♣ ♨ 우 ♡

A [1-5] 우리말에 알맞은 단어를 찾아 문장을 완성하세요.

Start ↓	Start ↓	Start ↓	Start ↓	Start ↓
that red bag	this old dress	the books	these pencils	the passports

is	are

| mine | yours | his | theirs | ours |

1 저 빨간 가방은 나의 것이다.   →　＿＿＿＿＿＿＿＿＿

2 이 낡은 드레스는 너의 것이다.   →　＿＿＿＿＿＿＿＿＿

3 그 책들은 그의 것이다.   →　＿＿＿＿＿＿＿＿＿

4 이 연필들은 그들의 것이다.   →　＿＿＿＿＿＿＿＿＿

5 그 여권들은 우리의 것이다.   →　＿＿＿＿＿＿＿＿＿

B [6-10] 주어진 단어를 이용하여 문장을 완성한 후 답으로 피라미드를 만드세요.
(Hint- 피라미드가 내려갈수록 답의 길이는 같거나 늘어나야 해요.)

6 그 단추들은 그의 것이 아니다.

→ The buttons are not ＿＿＿＿＿. (he)

7 그녀의 것은 그 분홍색 치마이다.

→ ＿＿＿＿＿ is the pink skirt. (she)

8 그 사과들은 우리의 것이다.

→ The apples are ＿＿＿＿＿. (we)

9 너의 것은 옷장 안에 있다.

→ ＿＿＿＿＿ is in the closet. (you)

10 그 돈은 그들의 것이다.

→ The money is ＿＿＿＿＿. (they)

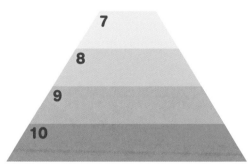

인칭대명사의 소유대명사 피라미드

6
7
8
9
10

A [1-4] 우리말에 알맞은 단어를 찾아 문장을 완성하세요.

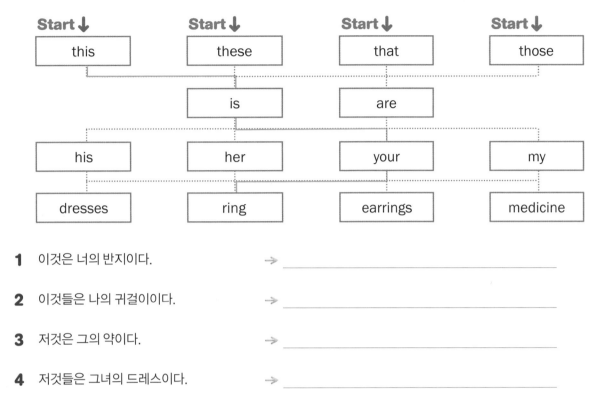

Start ↓	Start ↓	Start ↓	Start ↓
this	these	that	those
	is	are	
his	her	your	my
dresses	ring	earrings	medicine

1 이것은 너의 반지이다. → _____

2 이것들은 나의 귀걸이이다. → _____

3 저것은 그의 약이다. → _____

4 저것들은 그녀의 드레스이다. → _____

B [5-10] 우리말에 맞도록 모든 문장을 완성하고 보드게임을 통해 답을 점검하세요.

5 이것은 그가 가장 좋아하는 음식이다.

→ _ _ _ _ is his favorite food.
    ♠

6 저것은 달걀이다.

→ _ _ _ _ is an egg.
    ♀

7 이것들은 너의 드럼이다.

→ _ _ _ _ _ _ are your drums.
      ♡

8 저것들은 신선한 레몬이다.

→ _ _ _ _ _ _ are fresh lemons.
    ★

9 저분은 나의 아버지이시다.

→ _ _ _ _ _ _ _ my father.
    ♣

10 이분들은 야구 선수이다.

→ _ _ _ _ _ _ _ _ _ baseball players.
      ◈

Start ↓

♠ 의 답이 i이면 ⇨ 우 로 이동 a이면 ⇨ ☎로 이동	☎ 꽝! 답이 틀렸어요!	♧ 의 답이 a이면 ⇨ ◆로 이동 i이면 ⇨ ☎로 이동
♨ 꽝! 답이 틀렸어요!	♀ s이면 ⇨ ♨로 이동 t이면 ⇨ ♡로 이동	★ e이면 ⇨ ♨로 이동 o이면 ⇨ ♧로 이동
◈ i이면 ⇨ ☎로 이동 a이면 ⇨ ♫로 이동	♡ o이면 ⇨ ☎로 이동 e이면 ⇨ ★로 이동!	♫ 축하합니다. Good job!

A [1-5] 우리말에 알맞은 단어를 찾아 문장을 완성하세요.

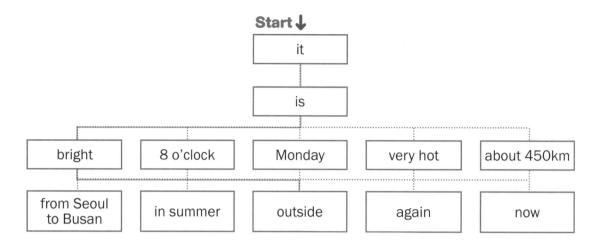

Start ↓

| it |

| is |

| bright | 8 o'clock | Monday | very hot | about 450km |

| from Seoul to Busan | in summer | outside | again | now |

1 밝은 밝다. → _____

2 지금 8시 정각이다. → _____

3 다시 월요일이다. → _____

4 여름에는 매우 덥다. → _____

5 서울에서 부산까지는 약 450km이다. → _____

B [6-9] 문장에서 밑줄 친 부분을 바르게 고친 뒤 암호를 해독하세요.

6 That is rainy.

7 They are December 1st.

8 What day am I today?

9 This is 100m from your house

   to the school.

6 → __ __

7 → __ __ __ __
       ♡

8 → __ __ __
       ★

9 → __ __

* 비인칭 주어 = __ __
                 ★ ♡

Chapter 3

일반동사의 긍정문 (3인칭 단수 제외) 정.리.탄.탄

A [1-5] 우리말에 알맞은 단어를 찾아 문장을 완성하세요.

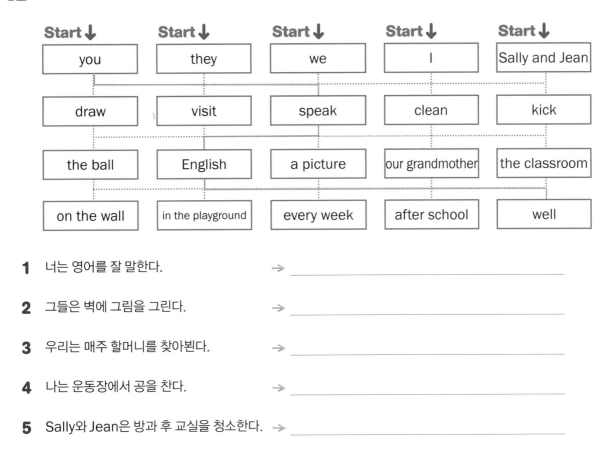

Start↓	Start↓	Start↓	Start↓	Start↓
you	they	we	I	Sally and Jean
draw	visit	speak	clean	kick
the ball	English	a picture	our grandmother	the classroom
on the wall	in the playground	every week	after school	well

1 너는 영어를 잘 말한다. →＿＿＿＿＿＿＿＿＿＿

2 그들은 벽에 그림을 그린다. →＿＿＿＿＿＿＿＿＿＿

3 우리는 매주 할머니를 찾아뵌다. →＿＿＿＿＿＿＿＿＿＿

4 나는 운동장에서 공을 찬다. →＿＿＿＿＿＿＿＿＿＿

5 Sally와 Jean은 방과 후 교실을 청소한다. →＿＿＿＿＿＿＿＿＿＿

B [6-10] 우리말에 맞도록 모든 문장을 완성하고 보드게임을 통해 답을 점검하세요.

6 나는 그녀의 컴퓨터를 고친다.

→ I ＿ ＿ ＿ her computer.
　　♠

7 나의 이웃들은 매주 일요일에 교회에 간다.

→ My neighbors ＿ ＿ to church every Sunday.
　　　　　　　♣

8 우리는 방에서 기다린다.

→ We ＿ ＿ ＿ ＿ in the room.
　　☎

9 너는 예쁜 고양이를 가지고 있다.

→ You ＿ ＿ ＿ a pretty cat.
　　　　◈

10 그들은 천천히 그 강을 건넌다.

→ They ＿ ＿ ＿ ＿ ＿ the river slowly.
　　　　★

Start↓

♠의 답이 x이면 ⇨ ♨로 이동 s이면 ⇨ ♀로 이동	☎ s이면 ⇨ ♀로 이동 w이면 ⇨ ◈로 이동	★의 답이 k이면 ⇨ ♨로 이동 s이면 ⇨ ♫로 이동
♨ 꽝! 답이 틀렸어요!	♀ 꽝! 답이 틀렸어요!	♣ e이면 ⇨ ♡로 이동 o이면 ⇨ ☎로 이동
◈ v이면 ⇨ ★로 이동 s이면 ⇨ ♡로 이동	♡ 꽝! 답이 틀렸어요!	♫ 축하합니다. Good job!

A [1-5] 우리말에 알맞은 단어를 찾아 문장을 완성하세요.

Start ↓	Start ↓	Start ↓	Start ↓	Start ↓
he	I	the eagle	Ben	she
read	jumps	does	flies	brushes
his	high	two books	her	ropes
teeth	every day	a month	in the sky	homework

1 그는 매일 줄넘기를 한다.   →＿＿＿＿＿＿＿＿＿＿＿＿

2 나는 두 권의 책을 매달 읽는다.   →＿＿＿＿＿＿＿＿＿＿＿＿

3 그 독수리는 하늘 높게 난다.   →＿＿＿＿＿＿＿＿＿＿＿＿

4 Ben은 그의 숙제를 한다.   →＿＿＿＿＿＿＿＿＿＿＿＿

5 그녀는 양치한다.   →＿＿＿＿＿＿＿＿＿＿＿＿

B [6-10] 주어진 단어를 이용하여 문장을 완성한 후 답으로 피라미드를 만드세요.
(Hint- 피라미드가 내려갈수록 답의 길이는 같거나 늘어나야 해요.)

6 그녀는 많은 오렌지들을 자른다.

→ She ＿＿＿＿＿ many oranges. (cut)

7 그 요리사는 채소를 섞는다.

→ The cook ＿＿＿＿＿ vegetables. (mix)

8 나의 개는 수영하는 것을 즐긴다.

→ My dog ＿＿＿＿＿ swimming. (enjoy)

9 내 친구는 그 시험에 대해 걱정한다.

→ My friend ＿＿＿＿＿ about the test. (worry)

10 그는 자신의 일을 빠르게 끝낸다.

→ He ＿＿＿＿＿ his work quickly. (finish)

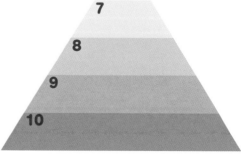

6

7

8

9

10

일반동사의 3인칭 단수 현재형 피라미드

A [1-5] 우리말에 알맞은 단어를 찾아 문장을 완성하세요.

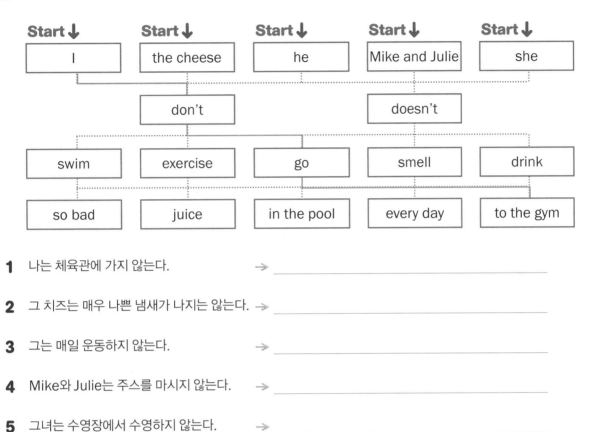

Start ↓	Start ↓	Start ↓	Start ↓	Start ↓
I	the cheese	he	Mike and Julie	she

don't   doesn't

swim	exercise	go	smell	drink
so bad	juice	in the pool	every day	to the gym

1 나는 체육관에 가지 않는다. → _____

2 그 치즈는 매우 나쁜 냄새가 나지는 않는다. → _____

3 그는 매일 운동하지 않는다. → _____

4 Mike와 Julie는 주스를 마시지 않는다. → _____

5 그녀는 수영장에서 수영하지 않는다. → _____

B [6-9] 문장에서 밑줄 친 부분을 바르게 고친 뒤 암호를 해독하세요.

6 We <u>doesn't</u> have any money.

7 I don't <u>driving</u> a car.

8 The waiter doesn't <u>speaks</u> English.

9 It <u>moves not</u> fast.

6 → _____ (축약형)

7 → ___ _____
   ♡

8 → ___ ___
   ♀ ♠

9 → _____ _____ (축약형)
       ♣

※ 일반동사의 부정문
  = do/ _____ + not + 동사원형
      ♡ ♣ ♠ ♀

A **[1-5]** 우리말에 알맞은 단어를 찾아 문장을 완성하세요.

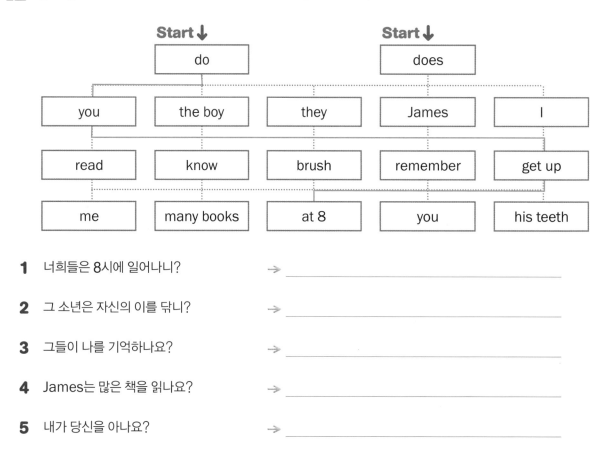

1 너희들은 8시에 일어나니? → _____

2 그 소년은 자신의 이를 닦니? → _____

3 그들이 나를 기억하나요? → _____

4 James는 많은 책을 읽나요? → _____

5 내가 당신을 아나요? → _____

B **[6-10]** 주어진 단어를 이용하여 모든 문장을 완성하고 보드게임을 통해 답을 점검하세요.

6 우리가 그 티켓이 필요한가요?

→ Do we ____ the tickets? (need)
　　　　♣

7 그것은 빨리 움직이나요?

→ Does it _____ fast? (move)
　　　　♀

8 너는 매일 운동하니?

→ ___ you _____ every day? (exercise)
♠

9 그 남자는 하루 종일 자나요?

→ _____ he _____ all day long? (sleep)
　　　☎

10 그녀는 안경을 쓰나요?

→ _____ she _____ glasses? (wear)
　　　　♨

Start ↓

♣ 의 답이 s이면 ⇨ ◈로 이동 d이면 ⇨ ♀로 이동	♨ s이면 ⇨ ◈로 이동 r이면 ⇨ ♫로 이동	♡ 꽝! 답이 틀렸어요!
♀ e이면 ⇨ ♠로 이동 s이면 ⇨ ♡로 이동	◈ 꽝! 답이 틀렸어요!	★ 꽝! 답이 틀렸어요!
♠ a이면 ⇨ ★로 이동 d이면 ⇨ ☎로 이동	☎ d이면 ⇨ ♡로 이동 e이면 ⇨ ♨로 이동	♫ 축하합니다. Good job!

Chapter 4 셀 수 있는 명사 정.리.탄.탄

A [1-5] 우리말에 알맞은 단어를 찾아 문장을 완성하세요.

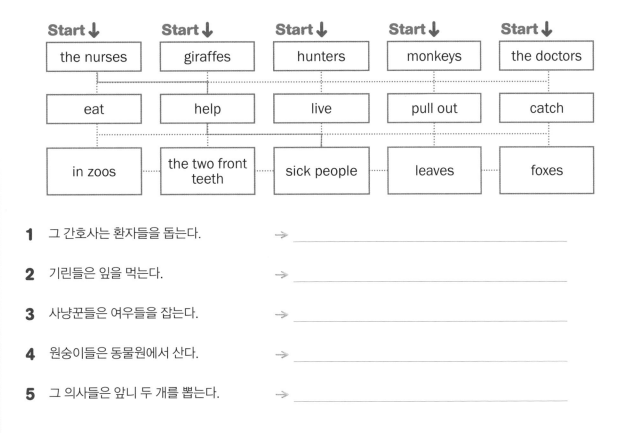

Start ↓	Start ↓	Start ↓	Start ↓	Start ↓
the nurses	giraffes	hunters	monkeys	the doctors
eat	help	live	pull out	catch
in zoos	the two front teeth	sick people	leaves	foxes

1 그 간호사는 환자들을 돕는다. → _____

2 기린들은 잎을 먹는다. → _____

3 사냥꾼들은 여우들을 잡는다. → _____

4 원숭이들은 동물원에서 산다. → _____

5 그 의사들은 앞니 두 개를 뽑는다. → _____

B [6-10] 주어진 단어를 이용하여 문장을 완성한 후 답으로 피라미드를 만드세요.
(Hint- 피라미드가 내려갈수록 답의 길이는 같거나 늘어나야 해요.)

6 그 큰 벌레들은 그 나무를 기어오른다.

→ The big _____ climb the tree. (bug)

7 그 부인들은 자신들의 남편과 함께 춤을 춘다.

→ The _____ dance with their husbands. (wife)

8 그 접시들은 이제 깨끗하다.

→ The _____ are clean now. (dish)

9 나의 아기들은 토마토를 좋아한다.

→ My babies like _____ . (tomato)

10 내 친구들은 나비들과 함께 논다.

→ My friends play with _____ . (butterfly)

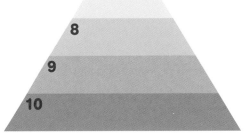

6
7
8
9
10

셀 수 있는 명사(규칙 변화)의 피라미드

Chapter 4 Unit 2 셀 수 없는 명사 — 정.리.탄.탄

A [1-5] 우리말에 알맞은 단어를 찾아 문장을 완성하세요.

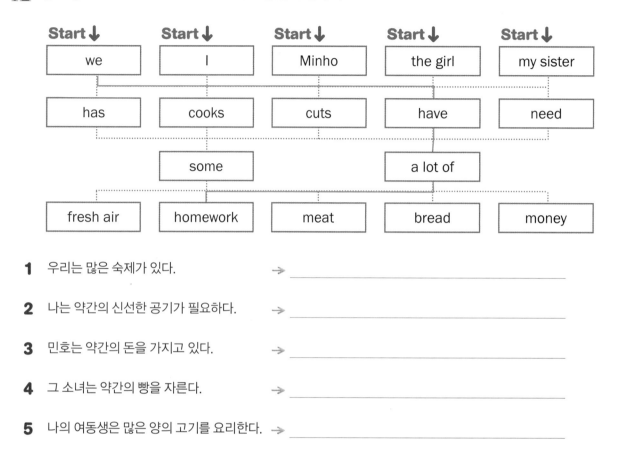

1 우리는 많은 숙제가 있다. → _____
2 나는 약간의 신선한 공기가 필요하다. → _____
3 민호는 약간의 돈을 가지고 있다. → _____
4 그 소녀는 약간의 빵을 자른다. → _____
5 나의 여동생은 많은 양의 고기를 요리한다. → _____

B [6-10] 주어진 말을 이용하여 모든 문장을 완성하고 보드게임을 통해 답을 점검하세요.

6 Jane은 약간의 버터를 산다.
→ Jane buys _____ _____. (butter)
★

7 나는 많은 돈이 없다.
→ I don't have _____ _____. (money)
♣

8 많은 밀가루가 비닐 봉지 안에 있다.
→ _____ is in the plastic bag.
(flour) ♠

9 낙타들은 많은 물을 마신다.
→ Camels drink _____ __ _____. (water)
◆

10 약간의 빵이 바구니 안에 있다.
→ _____ is in the basket. (bread)
☎

Start ↓

★의 답이 s이면 ⇨ ♧로 이동 l이면 ⇨ ♨로 이동	♠ n이면 ⇨ ♀로 이동 o이면 ⇨ ◆로 이동	♨ 꽝! 답이 틀렸어요!
◆ e이면 ⇨ ♨로 이동 s이면 ⇨ ☎로 이동	♀ 꽝! 답이 틀렸어요!	♣ a이면 ⇨ ♡로 이동 u이면 ⇨ ♠로 이동
♡ 꽝! 답이 틀렸어요!	☎ a이면 ⇨ ♬로 이동 s이면 ⇨ ♡로 이동	♬ 축하합니다. Good job!

16

A [1-5] 우리말에 알맞은 단어를 찾아 문장을 완성하세요.

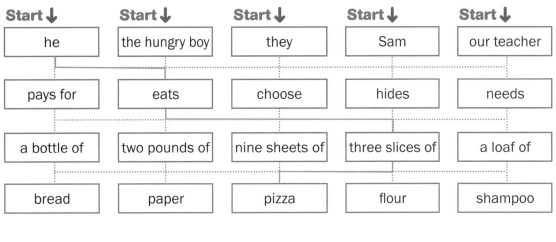

Start ↓	Start ↓	Start ↓	Start ↓	Start ↓
he	the hungry boy	they	Sam	our teacher
pays for	eats	choose	hides	needs
a bottle of	two pounds of	nine sheets of	three slices of	a loaf of
bread	paper	pizza	flour	shampoo

1 그는 세 조각의 피자를 먹는다. → _____

2 그 배고픈 소년은 한 덩어리의 빵을 숨긴다. → _____

3 그들은 한 병의 샴푸를 고른다. → _____

4 Sam은 2파운드의 밀가루 값을 지불한다. → _____

5 우리의 선생님은 아홉 장의 종이가 필요하다. → _____

B [6-9] 문장에서 밑줄 친 부분을 바르게 고친 뒤 암호를 해독하세요.

> **6** Three <u>bowl</u> of soup are on the table.
>
> **7** I drink <u>glass</u> of milk every morning.
>
> **8** Seven <u>can</u> corn are in the drawer.
>
> **9** A cup of <u>coffees</u> <u>are</u> in the car.

6 → __ __
　　　우

7 → __ __ __ __ __
　　　♡

8 → __ __ __ __ __ __
　　　　　♠

9 → __ __ __ __ __ __ __ __
　　　　　　　♣

※ 셀 수 없는 명사를 셀 때
== (a/____) + 단위 + ____ + 명사
　　　♡♠　　　　　우♣

A **[1-5]** 우리말에 알맞은 단어를 찾아 문장을 완성하세요.

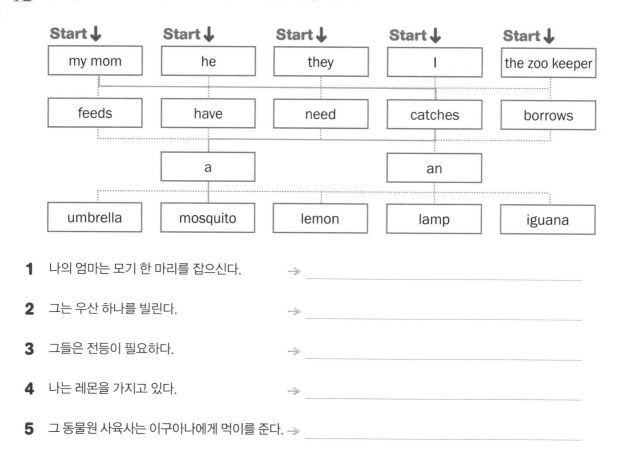

Start ↓	Start ↓	Start ↓	Start ↓	Start ↓
my mom	he	they	I	the zoo keeper
feeds	have	need	catches	borrows
	a		an	
umbrella	mosquito	lemon	lamp	iguana

1 나의 엄마는 모기 한 마리를 잡으신다.   → _____

2 그는 우산 하나를 빌린다.   → _____

3 그들은 전등이 필요하다.   → _____

4 나는 레몬을 가지고 있다.   → _____

5 그 동물원 사육사는 이구아나에게 먹이를 준다. → _____

B **[6-10]** 주어진 단어를 이용하여 모든 문장을 완성하고 보드게임을 통해 답을 점검하세요.

6 그녀는 계란을 요리한다.

→ She cooks __ ____. (egg)
☎

7 그는 직장에서 유니폼을 입는다.

→ He wears _____ at work. (uniform)
우

8 그들은 엘리베이터 안에 있다.

→ They are in __ _____. (elevator)
♡

9 너는 펜이 있니?

→ Do you have __ ___? (pen)
♣

10 그는 정직한 남자이다.

→ He is __ _____ man. (honest)
♠

Start ↓

☎ 의 답이 a이면 ⇨ ◆로 이동 n이면 ⇨ 우로 이동	♡ r이면 ⇨ ♣로 이동 s이면 ⇨ ★로 이동	♨ 꽝! 답이 틀렸어요!
우 e이면 ⇨ ♨로 이동 a이면 ⇨ ♡로 이동	◆ 꽝! 답이 틀렸어요!	★ 꽝! 답이 틀렸어요!
♠ o이면 ⇨ ◆로 이동 n이면 ⇨ ♬로 이동	♣ n이면 ⇨ ♠로 이동 s이면 ⇨ ♨로 이동	♬ 축하합니다. Good job!

A [1-5] 우리말에 알맞은 단어를 찾아 문장을 완성하세요.

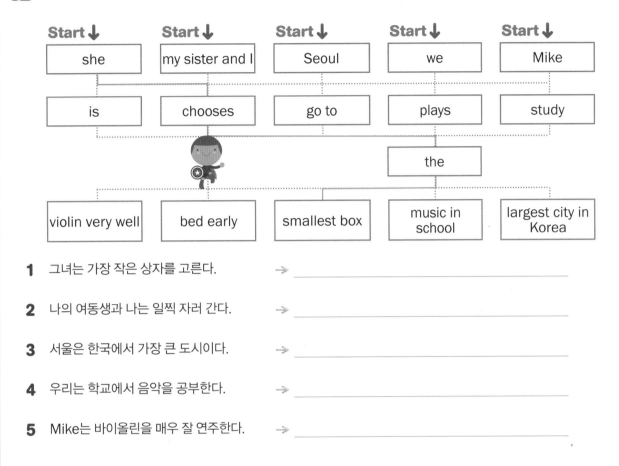

Start ↓	Start ↓	Start ↓	Start ↓	Start ↓
she	my sister and I	Seoul	we	Mike
is	chooses	go to	plays	study
			the	
violin very well	bed early	smallest box	music in school	largest city in Korea

1 그녀는 가장 작은 상자를 고른다.　　→ _____

2 나의 여동생과 나는 일찍 자러 간다.　　→ _____

3 서울은 한국에서 가장 큰 도시이다.　　→ _____

4 우리는 학교에서 음악을 공부한다.　　→ _____

5 Mike는 바이올린을 매우 잘 연주한다.　　→ _____

B [6-9] 문장에서 밑줄 친 부분을 바르게 고친 뒤 암호를 해독하세요.

6 <u>Sun</u> is really hot.

7 <u>A basketball</u> is a popular sport.

8 My office is on <u>third</u> floor.

9 He goes to <u>the school</u> at around 8.

6 → ＿ ＿ ＿ ＿

7 → ＿ ＿ ＿ ＿ ＿ ＿ ＿ ＿
　　　　　　　　♀

8 → ＿ ＿ ＿ ＿ ＿ ＿
　　　　　　♡

9 → ＿ ＿ ＿ ＿ ＿
　　　　　♠

※ 정관사(= ＿＿＿＿＿) + 명사
　　　　　　 ♡ ♠ ♀

A [1-5] 우리말에 알맞은 단어를 찾아 문장을 완성하세요.

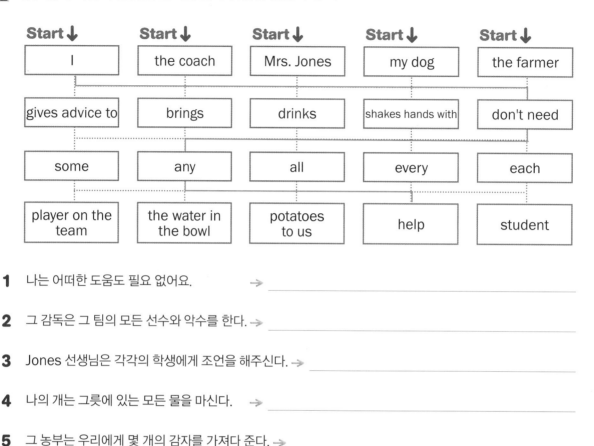

Start ↓	Start ↓	Start ↓	Start ↓	Start ↓
I	the coach	Mrs. Jones	my dog	the farmer
gives advice to	brings	drinks	shakes hands with	don't need
some	any	all	every	each
player on the team	the water in the bowl	potatoes to us	help	student

1 나는 어떠한 도움도 필요 없어요. → _____

2 그 감독은 그 팀의 모든 선수와 악수를 한다. → _____

3 Jones 선생님은 각각의 학생에게 조언을 해주신다. → _____

4 나의 개는 그릇에 있는 모든 물을 마신다. → _____

5 그 농부는 우리에게 몇 개의 감자를 가져다 준다. → _____

B [6-10] 우리말에 맞게 문장을 완성한 후 답으로 피라미드를 만드세요.
(Hint- 피라미드가 내려갈수록 답의 길이는 같거나 늘어나야 해요.)

6 그들은 고기를 전혀 먹지 않는다.

→ They don't eat _____ meat.

7 모든 동물들은 음식과 물이 필요하다.

→ _____ animals need food and water.

8 각각의 근로자들은 한 주에 3일을 일한다.

→ _____ worker works 3 days a week.

9 Terry는 약간의 초콜릿을 먹는다.

→ Terry eats _____ chocolate.

10 모든 동물들은 음식과 물이 필요하다.

→ _____ animal needs food and water.

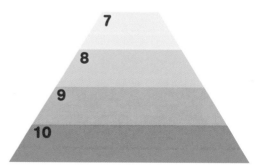

6

7

8

9

10

한정사 some, any, all, every, each의 피라미드

A [1-5] 우리말에 알맞은 단어를 찾아 문장을 완성하세요.

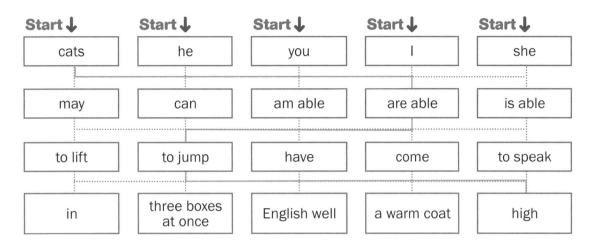

Start↓	Start↓	Start↓	Start↓	Start↓
cats	he	you	I	she
may	can	am able	are able	is able
to lift	to jump	have	come	to speak
in	three boxes at once	English well	a warm coat	high

1 고양이들은 높게 뛸 수 있다. → _____

2 그는 영어를 잘 말할 수 있다. → _____

3 너는 들어와도 좋다. → _____

4 나는 한 번에 세 개의 상자를 들어 올릴 수 있다. → _____

5 그녀는 따뜻한 코트가 있을지도 모른다. → _____

B [6-9] 문장에서 밑줄 친 부분을 바르게 고친 뒤 암호를 해독하세요.

6 He <u>cans</u> speak English well.

7 Kelly is able <u>win</u> the game easily.

8 He may <u>late</u> for school.

9 She may <u>borrows</u> the book.

6 → ___ ___ ___
    ♣

7 → ___ ___ ___

8 → ___ ___ ___ ___
    ♡   ♠

9 → ___ ___ ___ ___ ___
    ♀

※ can[be _____ to] + 동사원형: ~할 수 있다
    ♣ ♀ ♠ ♡

may + 동사원형: ~일지도 모른다, ~해도 좋다

A **[1-5]** 우리말에 알맞은 단어를 찾아 문장을 완성하세요.

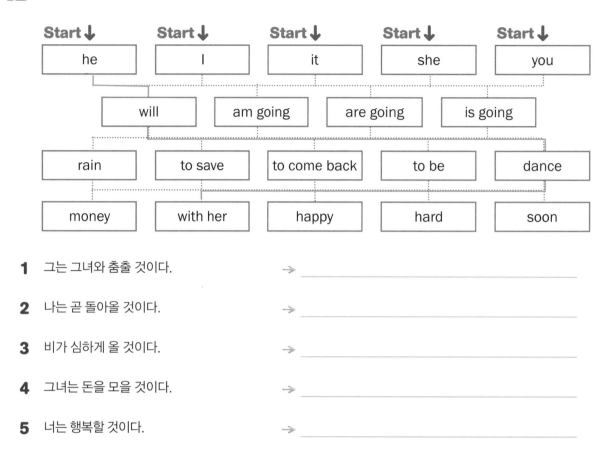

Start ↓	Start ↓	Start ↓	Start ↓	Start ↓
he	I	it	she	you

will	am going	are going	is going

rain	to save	to come back	to be	dance

money	with her	happy	hard	soon

1 그는 그녀와 춤출 것이다. → _____

2 나는 곧 돌아올 것이다. → _____

3 비가 심하게 올 것이다. → _____

4 그녀는 돈을 모을 것이다. → _____

5 너는 행복할 것이다. → _____

B **[6-10]** 주어진 단어를 이용하여 모든 문장을 완성하고 보드게임을 통해 답을 점검하세요.

6 그녀는 분홍드레스를 살 것이다.
→ She _ _ _ _ _ buy a pink dress.
☎

7 그들은 밤에 겁먹을 것이다.
→ They are _ _ _ _ _ _ to be scared at night.
♀

8 우리는 여기서 머무를 것이다.
→ We _ _ _ _ _ _ _ _ here.
♡

9 Brenda는 경찰을 부를 것이다.
→ Brenda is going _ _ _ _ _ _ the police.
♣

10 나는 집에 늦게 올 것이다.
→ I _ _ _ _ _ _ _ _ _ _ come home late.
♠

Start ↓

☎의 답이 g이면 ⇨ ◈로 이동 w이면 ⇨ 우로 이동	♡ y이면 ⇨ ♨로 이동 s이면 ⇨ ★로 이동	♣ t이면 ⇨ ♠로 이동 c이면 ⇨ ♨로 이동
♀ i이면 ⇨ ♨로 이동 o이면 ⇨ ♡로 이동	★ 꽝! 답이 틀렸어요!	◈ 꽝! 답이 틀렸어요!
♠ s이면 ⇨ ◈로 이동 m이면 ⇨ ♫로 이동	♨ 꽝! 답이 틀렸어요!	♫ 축하합니다. Good job!

Chapter 6 — Unit 3 must[have to], should

정.리.탄.탄

A [1-5] 우리말에 알맞은 단어를 찾아 문장을 완성하세요.

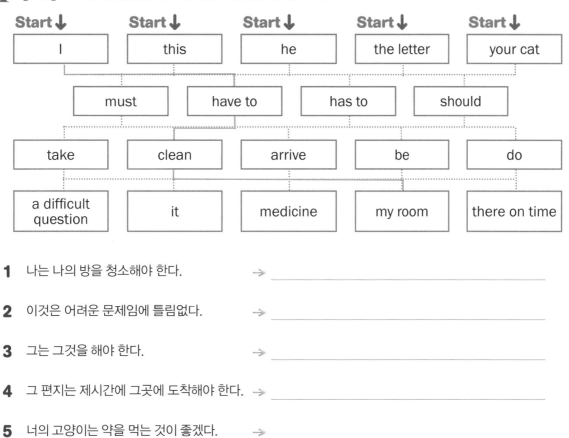

1 나는 나의 방을 청소해야 한다. →＿＿＿＿＿＿＿

2 이것은 어려운 문제임에 틀림없다. →＿＿＿＿＿＿＿

3 그는 그것을 해야 한다. →＿＿＿＿＿＿＿

4 그 편지는 제시간에 그곳에 도착해야 한다. →＿＿＿＿＿＿＿

5 너의 고양이는 약을 먹는 것이 좋겠다. →＿＿＿＿＿＿＿

B [6-10] 주어진 단어를 이용하여 문장을 완성한 후 답으로 피라미드를 만드세요.
(Hint- 피라미드가 내려갈수록 답의 길이는 같거나 늘어나야 해요.)

6 너는 도서관에서 조용히 해야 한다.
→ You ＿＿＿＿＿ ＿＿＿＿＿ quiet in the library. (be)

7 그는 많은 돈을 가지고 있음에 틀림없다.
→ He ＿＿＿＿＿ ＿＿＿＿＿ lots of money. (have)

8 그녀는 잠을 더 자야 한다.
→ She ＿＿＿＿＿ ＿＿＿＿＿ ＿＿＿＿＿ more. (sleep)

9 나는 나의 안전띠를 착용해야 한다.
→ I ＿＿＿＿＿ ＿＿＿＿＿ ＿＿＿＿＿ my seat belt. (wear)

10 우리는 줄을 서 있는 것이 좋겠다.
→ We ＿＿＿＿＿ ＿＿＿＿＿ in line. (stand)

must, have to, should의 피라미드

7
8
9
10

Start↓ I | Start↓ this | Start↓ he | Start↓ the letter | Start↓ your cat

take | clean | arrive | be | do

a difficult question | it | medicine | my room | there on time

A [1-5] 우리말에 알맞은 단어를 찾아 문장을 완성하세요.

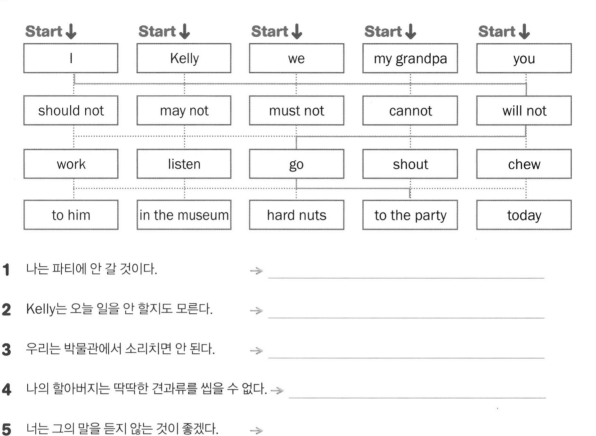

Start ↓	Start ↓	Start ↓	Start ↓	Start ↓
I	Kelly	we	my grandpa	you
should not	may not	must not	cannot	will not
work	listen	go	shout	chew
to him	in the museum	hard nuts	to the party	today

1 나는 파티에 안 갈 것이다. → _____

2 Kelly는 오늘 일을 안 할지도 모른다. → _____

3 우리는 박물관에서 소리치면 안 된다. → _____

4 나의 할아버지는 딱딱한 견과류를 씹을 수 없다. → _____

5 너는 그의 말을 듣지 않는 것이 좋겠다. → _____

B [6-9] 문장에서 밑줄 친 부분을 바르게 고친 뒤 암호를 해독하세요.

6 They shouldnot speak in Korean.

7 My brother shouldn't drinks coffee.

8 She not can sleep with music.

9 You may enter not the room now.

6 → _ _ _ _ _ _ _ _ _ _ (축약형)
　　　　우

7 → _ _ _ _ _ _
　　　♠

8 → _ _ _ _ _ _ _

9 → _ _ _ _ _ _ _ _ _
　　　　　♡

※ 조동사의 부정문 = 조동사 + _ _ _ _ + 동사원형
　　　　♠ 우 ♡

24

A [1-5] 우리말에 알맞은 단어를 찾아 문장을 완성하세요.

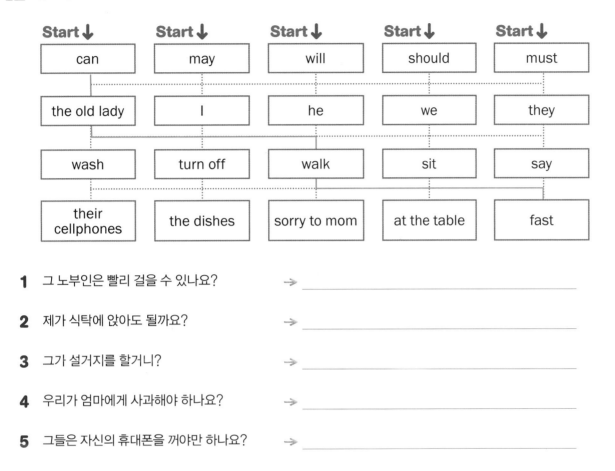

Start ↓	Start ↓	Start ↓	Start ↓	Start ↓
can	may	will	should	must
the old lady	I	he	we	they
wash	turn off	walk	sit	say
their cellphones	the dishes	sorry to mom	at the table	fast

1 그 노부인은 빨리 걸을 수 있나요?   → _____

2 제가 식탁에 앉아도 될까요?   → _____

3 그가 설거지를 할거니?   → _____

4 우리가 엄마에게 사과해야 하나요?   → _____

5 그들은 자신의 휴대폰을 꺼야만 하나요?   → _____

B [6-10] 우리말에 맞도록 모든 문장을 완성하고 보드게임을 통해 답을 점검하세요.

6 우리가 방안에 머물러야만 하나요?

→ _ _ _ _ we stay in the room?
　　　♀

7 그들은 지금 노래해야 하나요?

→ _ _ _ _ _ _ they sing a song now?
　　　♨

8 그 작은 소년은 자전거를 탈 수 있나요?

→ _ _ _ the little boy ride a bike?
　　◈

9 그는 택시를 탈 것인가요?

→ _ _ _ _ he take a taxi?
　　★

10 제가 물을 좀 마셔도 되나요?

→ _ _ _ I drink some water?
　　♡

Start ↓

♀ 의 답이 t이면 ⇨ ♨로 이동 I이면 ⇨ ☎로 이동	☎ 꽝! 답이 틀렸어요!	♨ s이면 ⇨ ◈로 이동 w이면 ⇨ ☎로 이동
♣ 꽝! 답이 틀렸어요!	♠ 꽝! 답이 틀렸어요!	♡ y이면 ⇨ ♫로 이동 r이면 ⇨ ♣로 이동
◈ m이면 ⇨ ♣로 이동 c이면 ⇨ ★로 이동	★ m이면 ⇨ ♠로 이동 w이면 ⇨ ♡로 이동	♫ 축하합니다. Good job!

A [1-5] 우리말에 알맞은 단어를 찾아 문장을 완성하세요.

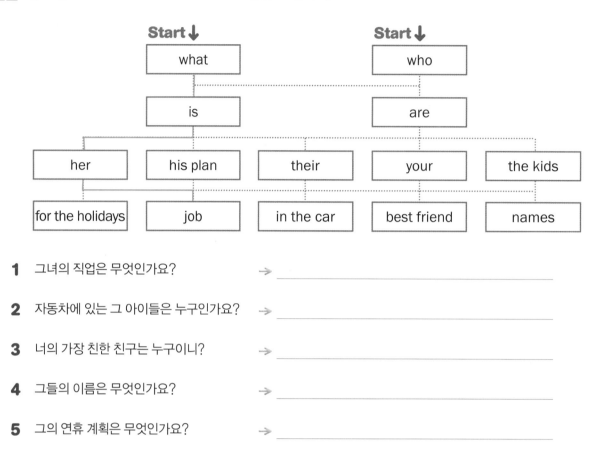

Start ↓
| what |
| is |

| her | his plan | their | your | the kids |

| for the holidays | job | in the car | best friend | names |

Start ↓
| who |
| are |

1 그녀의 직업은 무엇인가요? → _____

2 자동차에 있는 그 아이들은 누구인가요? → _____

3 너의 가장 친한 친구는 누구이니? → _____

4 그들의 이름은 무엇인가요? → _____

5 그의 연휴 계획은 무엇인가요? → _____

B [6-10] 주어진 단어를 이용하여 문장을 완성한 후 답으로 피라미드를 만드세요.
(Hint- 피라미드가 내려갈수록 답의 길이는 같거나 늘어나야 해요.)

6 나는 누구인가?

→ _____ _____ I? (be)

7 James 옆에 있는 저 소년은 누구인가요?

→ _____ _____ the boy next to James? (be)

8 너의 선생님들은 누구시니?

→ _____ _____ your teachers? (be)

9 이 가게는 무엇인가요?

→ _____ _____ this store? (be)

10 저것들은 무엇인가요?

→ _____ _____ those? (be)

6

7

8

9

10

who/what + be동사 + 주어의 피라미드

Unit 2 who / what + do동사 + 주어   정.리.탄.탄

A **[1-5]** 우리말에 알맞은 단어를 찾아 문장을 완성하세요.

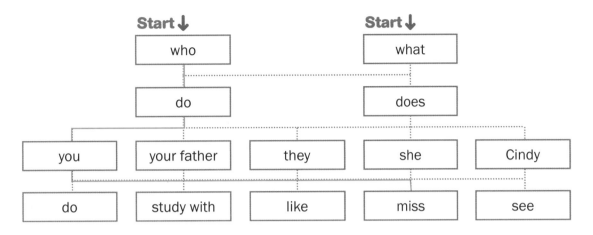

Start ↓

| who |
| do |

| you | your father |

| do | study with |

Start ↓

| what |
| does |

| they | she | Cindy |

| like | miss | see |

1 너는 누구를 그리워하니?   → _____

2 너의 아버지께서는 무엇을 하시니?   → _____

3 그들은 무엇을 보나요?   → _____

4 그녀는 누구와 함께 공부하나요?   → _____

5 Cindy는 누구를 좋아하나요?   → _____

B **[6-9]** 문장에서 밑줄 친 부분을 바르게 고친 뒤 암호를 해독하세요.

6 What <u>are</u> they throw?

7 <u>Whom</u> the students draw?

8 What does he <u>chose</u>?

9 Who does she <u>needs</u>?

6 → _ _

7 → _ _ _ _ _ _ _
                ♠

8 → _ _ _ _ _ _ _
              ♡   ♀

9 → _ _ _ _ _
              ♣

※ Who(m)/What + do/ + 주어 + 동사원형?
           ♠ ♡ ♣ ♀

A **[1-5]** 우리말에 알맞은 단어를 찾아 문장을 완성하세요.

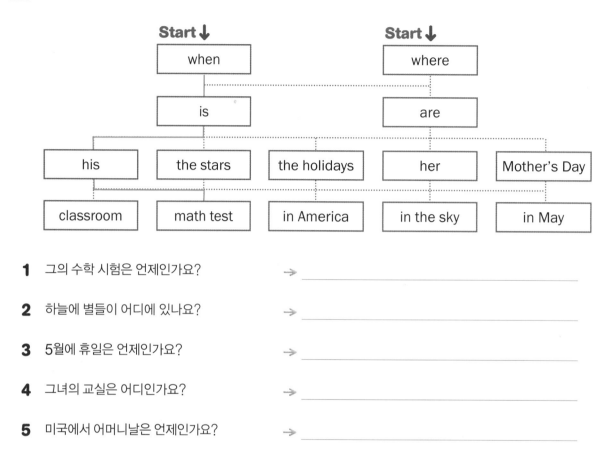

Start ↓

when	where

| is | are |

| his | the stars | the holidays | her | Mother's Day |

| classroom | math test | in America | in the sky | in May |

1 그의 수학 시험은 언제인가요? → _____

2 하늘에 별들이 어디에 있나요? → _____

3 5월에 휴일은 언제인가요? → _____

4 그녀의 교실은 어디인가요? → _____

5 미국에서 어머니날은 언제인가요? → _____

B **[6-10]** 우리말에 맞도록 모든 문장을 완성하고 보드게임을 통해 답을 점검하세요.

6 그녀의 결혼식은 언제인가요?
→ _ _ _ _ _ is her wedding?
　　　★

7 그 가방들은 어디에 있나요?
→ _ _ _ _ _ are the bags?
　　　☎

8 당신은 그것을 언제 끝낼 것인가요?
→ When _ _ _ _ you going to finish it?
　　　　　♡

9 나는 어디에 있나요?
→ Where _ _ _ I?
　　　　♧

10 당신의 전화는 어디에 있나요?
→ Where _ _ _ your phone?
　　　　◈

Start ↓

★의 답이 n이면 ⇨ ☎로 이동 r이면 ⇨ 우로 이동	♡ e이면 ⇨ ♨로 이동 s이면 ⇨ ♨로 이동	◈ m이면 ⇨ 우로 이동 s이면 ⇨ ♫로 이동
♀ 꽝! 답이 틀렸어요!	☎ r이면 ⇨ ♡로 이동 n이면 ⇨ ♠로 이동	♧ i이면 ⇨ ♨로 이동 a이면 ⇨ ◈로 이동
♨ 꽝! 답이 틀렸어요!	♠ 꽝! 답이 틀렸어요!	♫ 축하합니다. Good job!

when / where + do동사 + 주어

정.리.탄.탄

A **[1-5]** 우리말에 알맞은 단어를 찾아 문장을 완성하세요.

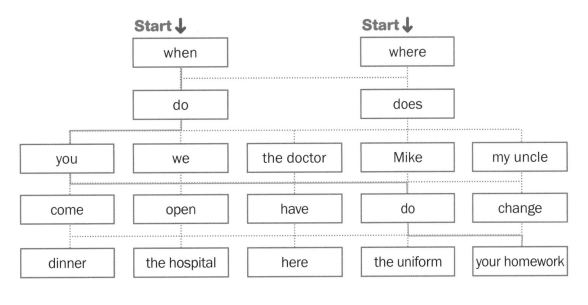

Start ↓			Start ↓	
when			where	
do			does	
you	we	the doctor	Mike	my uncle
come	open	have	do	change
dinner	the hospital	here	the uniform	your homework

1 너는 언제 너의 숙제를 하니? → _____

2 우리는 어디서 저녁을 먹나요? → _____

3 그 의사는 언제 병원을 여나요? → _____

4 Mike는 어디서 유니폼을 갈아입나요? → _____

5 나의 삼촌이 언제 여기에 오시나요? → _____

B **[6-10]** 우리말에 맞도록 문장을 완성한 후 답으로 피라미드를 만드세요.
(Hint- 피라미드가 내려갈수록 답의 길이는 같거나 늘어나야 해요.)

6 우리는 언제 집에 가니?

→ _____ _____ _____ go home?

7 너는 언제 공부하니?

→ _____ _____ _____ study?

8 그는 언제 도착하니?

→ _____ _____ arrive?

9 그들은 어디서 그 일을 시작하나요?

→ _____ _____ start the work?

10 그녀는 자신의 반지를 어디에 보관하나요?

→ _____ _____ keep her ring?

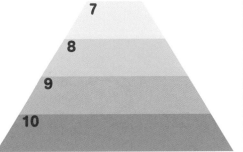

when/where + do동사 + 주어의 피라미드

A [1-5] 우리말에 알맞은 단어를 찾아 문장을 완성하세요.

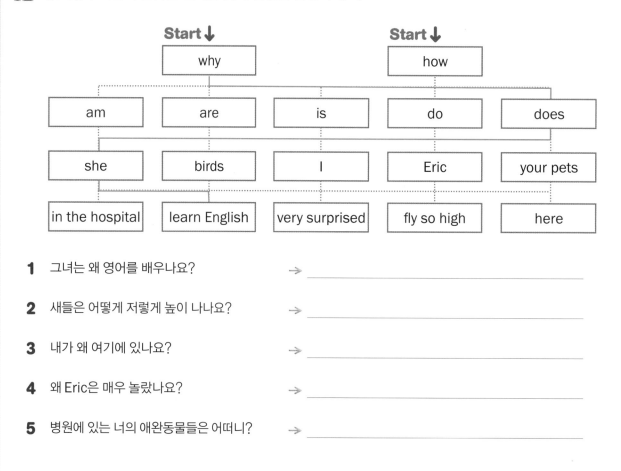

1 그녀는 왜 영어를 배우나요? →

2 새들은 어떻게 저렇게 높이 나나요? →

3 내가 왜 여기에 있나요? →

4 왜 Eric은 매우 놀랐나요? →

5 병원에 있는 너의 애완동물들은 어떠니? →

B [6-10] 우리말에 맞게 모든 문장을 완성하고 보드게임을 통해 답을 점검하세요.

6 내가 나의 아버지와 어떻게 다른가요?
→ _ _ _ _ am I different from my father?
★

7 그 여자들은 왜 서두르나요?
→ _ _ _ are the women in a hurry?
♀

8 그는 어떻게 그렇게 빨리 말을 하나요?
→ _ _ _ _ _ _ he speak so fast?
♨

9 그들은 왜 매우 행복해 보이나요?
→ _ _ _ _ they look so happy?
☎

10 그 새 자동차는 어떤가요?
→ _ _ _ _ _ _ the new car?
♠

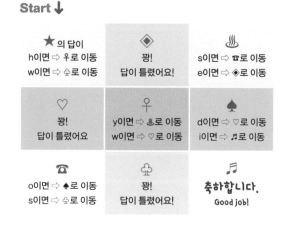

A **[1-5]** 우리말에 알맞은 단어를 찾아 문장을 완성하세요.

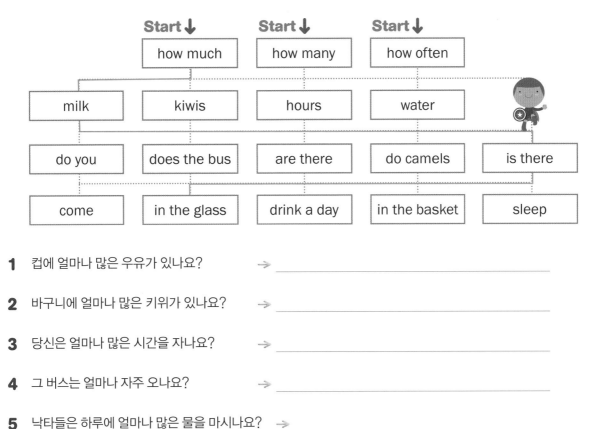

Start ↓	Start ↓	Start ↓
how much	how many	how often

milk	kiwis	hours	water	
do you	does the bus	are there	do camels	is there
come	in the glass	drink a day	in the basket	sleep

1 컵에 얼마나 많은 우유가 있나요? → _____

2 바구니에 얼마나 많은 키위가 있나요? → _____

3 당신은 얼마나 많은 시간을 자나요? → _____

4 그 버스는 얼마나 자주 오나요? → _____

5 낙타들은 하루에 얼마나 많은 물을 마시나요? → _____

B **[6-9]** 문장에서 밑줄 친 부분을 바르게 고친 뒤 암호를 해독하세요.

6 How much <u>coffees</u> does he drink?

7 How <u>much</u> onions do you have in the plastic bag?

8 How much <u>salt you</u> put in your soup?

9 How <u>does often</u> your dad take the medicine?

6 → _ _ _ _ _ _ _
　　　　　♣

7 → _ _ _ _ _
　　　　★

8 → _ _ _ _ _　_ _ _
　　　　♠　　♡

9 → _ _ _ _ _ _
　　　　♀

※ how many/much: 얼마나 많은
　 how _____: 얼마나 자주
　　　　♡♣♠♀★

A [1-5] 우리말에 알맞은 단어를 찾아 문장을 완성하세요.

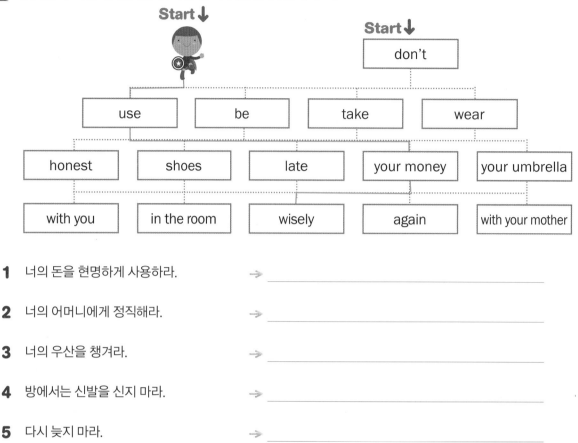

Start ↓

Start ↓

| don't |

| use | be | take | wear |

| honest | shoes | late | your money | your umbrella |

| with you | in the room | wisely | again | with your mother |

1 너의 돈을 현명하게 사용하라.　→ _____

2 너의 어머니에게 정직해라.　→ _____

3 너의 우산을 챙겨라.　→ _____

4 방에서는 신발을 신지 마라.　→ _____

5 다시 늦지 마라.　→ _____

B [6-10] 주어진 단어를 이용하여 문장을 완성한 후 답으로 피라미드를 만드세요.
(Hint- 피라미드가 내려갈수록 답의 길이는 같거나 늘어나야 해요.)

6 영화관에서 조용히 해라

→ _____ quiet in the movie theater. (be)

7 불을 켜라.

→ _____ on the light. (turn)

8 지금 너의 방을 청소해라.

→ _____ your room now. (clean)

9 수줍어하지 마라.

→ _____ _____ shy. (be)

10 책상 위에 앉지 마라.

→ _____ _____ on the desk. (sit)

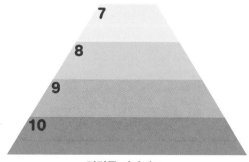

6

7

8

9

10

명령문 피라미드

A **[1-5]** 우리말에 알맞은 단어를 찾아 문장을 완성하세요.

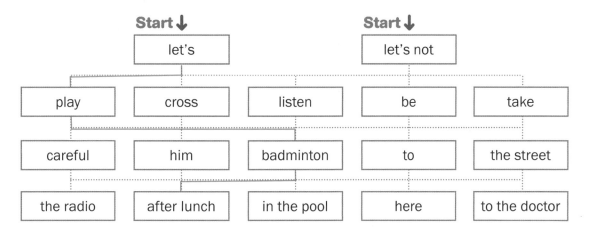

1 점심 식사 후에 배드민턴을 하자. → _____

2 여기서 길을 건너지 말자. → _____

3 우리 라디오를 듣지 말자. → _____

4 수영장에서 조심하자. → _____

5 그를 병원에 데리고 가자. → _____

B **[6-9]** 문장에서 밑줄 친 부분을 바르게 고친 뒤 암호를 해독하세요.

6 Let's <u>to play</u> the drums.

7 Let's <u>no</u> be late for school.

8 Let's <u>studying</u> more.

9 Let's not <u>leaves</u> any food on the plate.

6 → _ _ _ _ _
       ♣

7 → _ _ _ _
       ★

8 → _ _ _ _ _ _
       ♠

9 → _ _ _ _ _ _
          ♡

※ 제안문: _____ ' _ + (not) + 동사원형
            ♣ ♡ ★ ♠

A [1-5] 우리말에 알맞은 단어를 찾아 문장을 완성하세요.

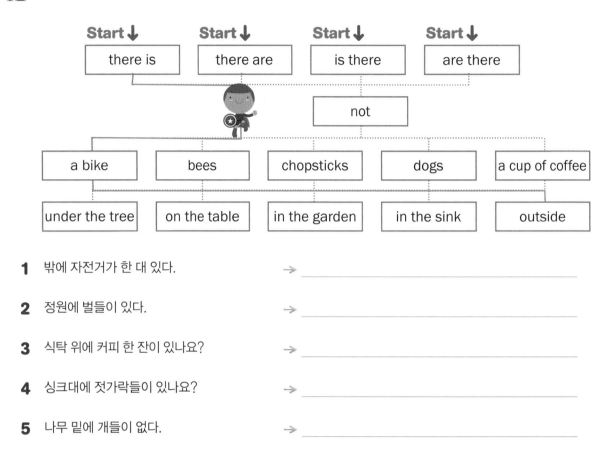

1 밖에 자전거가 한 대 있다. → _____

2 정원에 벌들이 있다. → _____

3 식탁 위에 커피 한 잔이 있나요? → _____

4 싱크대에 젓가락들이 있나요? → _____

5 나무 밑에 개들이 없다. → _____

B [6-10] 우리말에 맞도록 모든 문장을 완성하고 보드게임을 통해 답을 점검하세요.

6 도서관에는 많은 책들이 있다.

→ _ _ _ _ _ are many books in the library.
　　　　★

7 이 연못에는 물고기가 많이 없다.

→ There _ _ _ _ a lot of fish in this pond.
　　　　　♀

8 책상 위에 한 개의 자가 있나요?

→ _ _ _ _ _ _ _ a ruler on the desk?
　♨

9 상자 안에 햄스터가 없다.

→ _ _ _ _ _ _ _ _ _ a hamster in the box.
　　　　　♠

10 그 축제에 재미있는 행사가 있나요?

→ _ _ _ _ _ _ _ _ fun events in the festival?
　☎

Start ↓

★의 답이 e이면 ⇨ 우로 이동 r이면 ⇨ ♧로 이동	◆ 꽝! 답이 틀렸어요!	♨ s이면 ⇨ ♠로 이동 m이면 ⇨ ◆로 이동
♡ 꽝! 답이 틀렸어요	♀ n이면 ⇨ ♨로 이동 r이면 ⇨ ♡로 이동	♠ a이면 ⇨ ♡로 이동 i이면 ⇨ ☎로 이동
☎ s이면 ⇨ ◆로 이동 r이면 ⇨ ♫로 이동	♧ 꽝! 답이 틀렸어요!	♫ 축하합니다. Good job!

Memo

Memo